Mufone

享 受 閱 讀 · 如 沐 春 風

享受閱讀．如沐春風

Mufone

享受閱讀．如沐春風

Mufone

享 受 閱 讀 · 如 沐 春 風

打開 家用哲學醫藥箱

作者——艾柳薩・史瓦茲 & 隆納德・史威普
譯者——洪清怡

治　好　阻　礙　幸　福　人　生　的　28　個　症　狀

補給小站 16

打開家用哲學醫藥箱

作　　者　艾柳薩・史瓦茲（Aljoscha A. Schwarz）
　　　　　隆納德・史威普（Ronald P. Schweppe）
譯　　者　洪清怡
責任編輯　李家騏
行銷企劃　顧克琹
封面插畫　陳貴芳（鱷魚）
封面設計　mongoose
內頁編排　mongoose

出　　版　沐風文化出版有限公司
　　　　　10076 台北市泉州街 9 號 3 樓
　　　　　電話：（02）2301-6364
　　　　　傳真：（02）2301-9641
　　　　　讀者信箱：feedback@mufonebooks.com.tw
　　　　　沐風文化粉絲頁：https://www.facebook.com/mufonebooks
總 經 銷　紅螞蟻圖書有限公司
　　　　　地址：台北市 114 內湖區舊宗路 2 段 121 巷 19 號
　　　　　電話：（02）2795-3656　傳真：（02）2795-4100
　　　　　Email：red0511@ms51.hinet.net
印　　製　龍虎電腦排版股份有限公司
初版一刷　2016 年 7 月 31 日

ISBN: 978-986-91254-9-9（平裝）
Printed in Taiwan
定價：　300　元

國家圖書館出版品預行編目（CIP）資料

打開家用哲學醫藥箱 / 艾柳薩．史瓦茲 (Aljoseha A. Schwarz), 隆納德．史威普 (Ronald P. Schweppe) 作；洪清怡譯．-- 初版．-- 臺北市：沐風文化，2016.07　面；　公分．--（補給小站；16）
譯自：Die philosophische hausapotheke : rezepte und strategien von konfuzius
ISBN 978-986-91254-9-9(平裝)

1. 哲學
100　　105012927

適應症 61

產品介紹

「煩憂者，在此不藥而癒。」

生病的人往往希望能夠痊癒，否則也會盡可能設法減輕病痛，所以病患大多求助於醫師診療，或是到藥房購買成藥，有些痛苦則可能只消按摩或泡個熱水澡便得以紓解。如果讀者曾在羅馬度假，並且造訪那兒的安東尼浴池，或許曾留意到一句題詞：「煩憂者，在此無藥可解。」

受風濕病之苦，或可藉由水療法治癒；然而，飽受煩惱之苦可就必須另求藥方了。對於這種類型的「處方」，筆者欲以「家用哲學醫藥箱」的模式提出諫言，而本醫藥箱的格言也和安東尼浴池的題詞大相逕庭：「煩憂者，在此不藥而癒。」

「探究哲學，無需就此而成哲學家；順便一提的是，它也能用以抗拒內心一些不悅的感受。」早在康德寫下這段話時，就已經提醒人們哲學對於心性有療養之效，但他並未明確指出是否可將哲學組成一個「家用醫藥箱」。

眾所皆知，藥房的首要之務便是銷售藥物；至於「旅行藥箱」或是一般常見的「家用藥箱」，其意義也是淺顯易懂，甚至如「草藥箱」或「順勢療法」（譯註：使用產生與病狀相似症狀的藥物、以刺激身體產生自癒反應的療法）的概念也可以被接受。然而，什麼是「家用哲學醫藥箱」呢？

和諸多詩人、作家同樣對哲學情有獨鍾的法國詩人豐特奈爾（Bernard Le Bovier de Fontenelle）便曾寫道：「人們喜歡讓哲學探查自己的痛苦，卻不願接受它的治療。」事實上，讀者一定會心生疑問：哲學到底和健康有什麼關聯？「家用哲學醫藥箱」又是什麼呢？

至少能夠立即確定的是，《打開家用哲學醫藥箱》既非哲學著作，亦非哲學概論。此外，本醫藥箱的宗旨亦不在於詮釋艱深難解的哲學作品，當然更非一般人所以為的「健康寶典」。總而言之：不是哲學書，不是格言語錄，也不是評註。

這下可不容易了！像這類「什麼不是什麼」的說詞，可惜並不都是發現「什麼是什麼」的最佳方法。好比說，你曾試著猜一種動物，只知牠沒有象鼻，沒有象牙，絕不會發出類似喇叭的聲響，身體不呈灰色，恰巧也不屬於體積小的動物。光憑這些條件，所能掌握的訊息無非是這種動物絕對和大象沒有關聯；然而，到底意指哪一種動物，你當然還是一頭霧水。

敘述得更具體些：「家用哲學醫藥箱是匯集數百年哲學思想的諮詢參考書，指點你如何活用叔本華、塞內卡和其他諸多哲學大師的觀點，擺脫狹隘的見解和心中不悅的感受，獲得更多的選擇機會，並且增進心靈與肉體的舒適安康。」你瞧，這聽起來頗佳，而且逼進主題，不過……

不，像這樣簡單的定義仍不足以讓人十分滿意，不過倒也無妨：首先，以簡短的定義敷衍讀者，並非哲學之長；再者，伏爾泰所言不假：「讓別人感到枯燥乏味的秘方，不外是無話不說。」筆者的目的當然不是讓你感到乏味無聊，反而是希望給予讀者充分的自由思考空間，所以不論是在這裡或是稍後的章節中，一切點到為止。順便一提的是，儘管醫藥箱中引證的眾多哲學家一生說了一些至理名言，卻也絕非知無不言、言無不盡；如此一來，你在使用過本醫藥箱之後，必然會了解一些哲理，卻也尚未臻至萬事通達之境。不過，至少就哲學的立場而言，這樣的情形完全在預期中，根本無需懊惱，因而筆者也就不必事先道歉了。

使用前說明

1

救命啊——哲學書

中午用餐時間冷不防被鄰桌陌生人拋來一個哲學話題的人，其臉部微微曲張的表情、背部與下顎肌肉亦隨著輕度痙攣的情形的確不少見；不過，話說回來，有時這也是無可厚非。「康德治頭痛。」此說並不成立！你是否曾經瀏覽康德的作品？答案若是肯定的，請略過下一段；答案若是否定的，請接著參考下列摘錄自《純粹理性批判》的一小段內容——更精確地說，則是取自〈先驗辯證論〉第二卷第三章：

儘管一切可能性之總和的理念，在其做為萬物之完全決定條件的範疇內，雖以可能構成該理念之述語而言，自身尚未明確，況且吾人僅視之為一切可能述語之總和；然而，若嚴加探察之，吾人則發現此理念為一原始概念，摒棄諸多由其他述詞衍生而出之述詞，或者無法相容共存之述詞，另亦發現此理念為一純然先驗決定之概念。於是，單一個體之概念乃完全取決於純粹理念，故須稱為純粹理性之典範。

這下如何？你的頭痛是否因而好轉了些？好轉才怪吧！這可一點都不令人訝異，不然康德的《批判》早就有負無字天書之盛名啦！況且，並非只有哲學入門新生才倍感棘手，就連身兼教士及哲學家、甚至曾拜康德為師的赫德也說：「我覺得康德的《批判》令人食不下嚥，已達幾近無法閱讀的地步。我不曉得這樣既厚重又艱深難解的作品有何用處。」

這下大家便清楚了：筆者若是企圖以更多的哲學啞謎來加重讀者的精神負擔，那麼以「康德導致消化不良」為本書標題似乎較為合理；然而，我們可不這麼做。誠如你方才所體會，每每觸及哲學時，心中那股油然而生的不自在其實再正常也不過了。常言道，所謂哲學，在於探討人生的根本問題。「哲學」一詞源自於希臘文，逐字翻譯則為「對智慧的愛」，亦即「鍾愛智慧」。哲學普遍被視為一門凡事追根究柢的科學，它力求最深層次意義的領悟，並且鍥而不捨地探討思維與存在之本源、人類處於宇宙之定位，以及世界與自然界之因果關係。簡而言之，哲學旨在了解宇宙萬物如何息息相關及其最終結果——因此，哲學之道也就自然而然變得艱鉅。

哲學總是毫不間斷地提出問題，這是因為求知必須藉由發問，而哲學家對此亦身體力行。這在歐洲史上可追溯至歐洲文明起源之時，也就是大約西元前六百年；然而，哲學的歷史理當更為古老悠久，因為我們推測人類遠在三千多年前就能思考並提出有趣的問題。

你曾經遇到正值好問階段的兒童嗎？如果遇過，便會知道小朋友永不疲倦的發問可會令人精神崩潰：

「快點！我們現在要回家了。」

「為什麼？」

「因為媽媽在煮飯了。」

「為什麼？」

「這樣我們才有晚餐可吃。」

「為什麼？」

「好讓我們不必挨餓。」

「為什麼？」

「因為人要進食才能生存，而且我們還要活下去。」

「為什麼？」

這下問得可好……

事實上，似乎不只是兒童，哲學家也寧可把我們的人生弄得不好過。數千年來，哲學對於凡事追根究柢簡直是樂此不疲，其中或多或少都會提出相同的問題，例如：「上帝存在嗎？」「為何會有萬物？」「何謂時間？何謂空間？」「死亡之後會面臨什麼？」「人可以信賴感官嗎？」或者說得更生活化些：「為何身邊沒帶傘時總是剛好遇到傾盆大雨？」

可想而知，這樣一連串的問題衍生出的不外是重重疑難，答案卻是寥寥無幾。一個孜孜不倦的哲學家只消在散步途中「心血來潮地」望向一棵普通的樺樹，腦海中就足以浮現出為數可觀的問題，譬如：「這棵樺樹的種子當初如何鑽入土裡？它為何會從土裡冒出並日益茁壯？」「是什麼使它春來枝葉扶疏、冬來葉落枝枯？是什麼力量使它年年吐露新芽？」「為何這棵樺樹高大壯碩而其他幾棵卻較為細小？」「樹幹的外型、枝椏的交錯和白色的樹皮完全取決於巧合，還是這背後自有規律操縱？」更甚者：「如果這棵樺樹不在我的眼前，它依然存在嗎？」

哲學絞盡腦汁地辨認、解釋真相，不折不扣為一門科學；不過，哲學卻也致力於探討其他所有的科學。整體而言，雖然物理學、生物學、化學、心理學或社會學可以「萬物的現狀、過去或未來」為研究之出發點，但是哲學仍要追問知識究竟從何產生。研究單一主題的科學滿足於探究在題材上具有相當限制的特定規律，反之，哲學涉及的對象則涵蓋宇宙萬物的一點一滴，因而躍升為一種包羅萬象的科學；如此一來，哲學一點也不簡單的原因就清清楚楚了。

難上加難的是，除了細分為形上學、邏輯學、倫理學、美學和認識論這些主要科目之外，哲學又可劃分為哲學人類學、法哲學，以及歷史哲學、語言哲學、文化哲學與宗教哲學。除此之外，哲學還致力於探究各種不同的思維，其中包括唯心論、唯物論、理性主義與經驗主義，而之後新興的思潮流派，諸如存在主義、分析哲學、新實證論、建構主義、批判理性主義或結構主義，則更進一步豐富了哲學的內涵。只是，如此一來，哲學卻把我們搞得一個頭兩個大，莫怪天底下如此多人對哲學不是敬而遠之，就是漠不關心。

總結

普遍來說，哲學有如燙手山芋，令人望而生畏，這種畏懼來自於以為哲學僅是智商超凡者之專利。事實上，康德這些哲學家的某些理論原本就讓人幾乎不得其門而入，讀者甚至愈讀愈有悽悽慘慘的感受。然而，姑且不論所有複雜的定義，以及或多或少難以洞悉的思維與專業領域，哲學仍舊帶有些許人性化。再者，哲學在日常生活中也十分受用——不過，我們先賣個關子。

2 口舌之戰

哲學既耗思費神又複雜不堪的想法原本就深植人心，筆者漸漸不得不擔心先前的敘述恐怕會讓這種想法更加根深蒂固，所以不如迅速轉換角度，回到更為明確簡潔的主題。

行哲學之道在於破除舊有成見，對累積至此的知識提出質疑，以培養嶄新的見解和更清晰的思維。舉例而言，「我思故我在」這句不朽名言的創作者笛卡兒在其《沈思錄》中寫道：

> 多年前我已發現，我自幼以來信以為真的謬論實在不勝枚舉，之後以此為圭臬所推演出的一切結果也竟是如此站不住腳。這使我領悟到，若我渴望有朝一日能奠定紮實穩固並且永垂不朽的學說，就務必在有生之年全盤推翻一切已知事物，回到最基礎點重新出發。

之後，笛卡兒使用懷疑方法，對任何自認知道的事物提出質疑，連透過自己感官察覺到的事物也不放過。這種觀點建構了哲學的其中一塊基石，主張我們千萬不可毫不思索地認定周遭事物為既定事實，而是必須不斷地檢視並且精益求精地觀察；如此一來，笛卡兒必然會建議你，只有對一件事情瞭若指掌時，才能相信其真實性。當然，遲早會出現的問題是，你根本無法確信自己的感官是否矇蔽事實；你必須質問，一切所見、所聽、所嚐、所聞、所感覺的東西在超乎你的感官之外是否依舊存在。最後，你必然會認清，一切都值得懷疑；而且，就像諸多哲學家一樣，你在往後的交談中極有可能愈來愈常以「或許」、「可能」或「看來似乎是……」做為開頭。

這種涉及個人見解、察覺和觀點的不確定感完全合乎哲學的期許。必須深思的是，我們的認知確實總是被我們採取的立場影響；在草地或天空本身保持原狀的情況下——這點至少必須做假設——從一棟高樓往下俯看遠在低處的草地，你的觀望角度自然異於臥在草地上仰望天空。

哲學的一項重要長處即是引導你對現有的看法提出質疑，並且從中贏得嶄新的訊息；你也將在稍後認識到，這一點對於獲得或恢復我們的身心健康實有莫大的助益。不過，在此亦可確定的是，哲學打破砂鍋問到底的精神或許被某些人視為過於咄咄逼人；然而，這種精神再加上凡事懷疑的特質，提供了我們一條非凡的途徑去對抗一般輿論。如此一來，這種「對智慧的愛」自然永遠是抵抗膚淺人生的絕佳妙方，使得人們可望從半夢半醒的人生中覺醒，並使人們的思維產生具有療效的轉變。

再重要不過的是，哲學幫助我們重新「學習自我獨立思考」。康德在過世前幾年——也就是大約西元一八〇〇年——曾發表論文〈實用觀點下的人學〉，在其中訂定了哲學的三項準則：

所有的思考者可視下列基本準則為永恆不變的信條：
一、自我獨立思考。
二、以他人的立場進行思考。
三、絕不做自相矛盾的思考。

康德由這三項基本準則揭露出，培養自己的思想，同時參考他人的想法，最後能找到自己的獨門要訣以解決問題，實為當務之急。

康德訂定的準繩當然也適用於家用哲學醫藥箱。因此，在你使用本醫藥箱時，筆者將不斷地嘗試激發你的靈感，促使你對自身和某些可能面臨的困難進行一番思考。除此之外，我們也會向你介紹他人的思想結晶，亦即摘選自各學派哲學家的某些理念，必要時這些理念能夠協助你正面地轉變觀點。最後的關鍵則在於你自己抉擇哪一個學派為思考方向，以及哪些改變對你特別具有意義。

另外還值得一提的是，盧梭曾經很有技巧地提出下列警惕：

> 人們很難踏出思考的第一步，然而一旦開始思考，就無法停止。一朝思考過，將會終生不斷思考；倘若熟於思考，從此絕對不會無所事事。

總結

在日常生活中，透過哲學方法的運用，能使個人思維變得有條不紊，並以全新的眼光看待事物。藉由提出問題、質疑某些事物，你將會認清自己習以為常的看法和論點可能狹隘而不充分，甚至成為人生幸福的絆腳石。哲學可以幫助你不斷訓練「自我獨立思考」的能力，融合他人的思維與自己的見解，如此便能拋除那些似乎屹立不搖的觀念，掙脫被外來因素和當下社會價值觀束縛的枷鎖，進而獲得嶄新的認知，讓自己的人生贏得更多的自由與自主性。

3

哲學的不可承受之輕

看待哲學的態度，不論是敞開心扉還是有所保留，都和與哲學過招的經驗以及最初幾次接觸哲學的過程息息相關。

舉例來說，如果第一次接觸哲學思想便在好奇心的驅使下翻開一本名為《純粹理性批判》的書，亦即康德於一七八一年發表的首部代表作，你的心中必定會醞釀某種感想：除非奇蹟出現，否則以常理而論，這本書很難得到你的認同與好感，因此不難想像的是，它會使你原本有心鑽研哲學的意圖因而煙消雲散。倘若最初翻閱的是叔本華的《意志與表象的世界》，就算相較於康德的作品難度不見得降低很多，但至少會讓你感到輕鬆一些。

許多好比出自康德、叔本華、尼采這些哲學大師之手的畢生巨作，愈是鑽研深入、引人入勝，就通常愈是艱深晦澀、難以實用，這也難怪相當多哲學家並非以其內容稍嫌沒完沒了的畢生巨作成名，反而是以其短篇論文和易於領悟、妙趣橫生的作品名聞遐邇。因此，讓叔本華開始聲名大噪的是《短文集與文學作品補遺》，而非《意志與表象的世界》；使康德一舉成名的也並非《純粹理性批判》，而是《美與崇高感情的觀察》。

無庸置疑地，複雜的哲學文本不僅能夠訓練思考力，而且深具啟迪性。因此，雖然一般人對於現象學或結構主義論文均感深奧難解，卻有一些崇拜哲學之人光是斗膽著手分析這些文章，心中便湧起一股莫名所以的熱忱。絕對不可忘卻，哲學也是可以非常人性化與平易近人的，萬一你從未認同這樣的說法，觀念上的修正就能發揮奇效，使你無後顧之憂、放寬心情地認識哲學。

讓我們記住「哲學」的定義為「鍾愛智慧」！在家用哲學藥箱的範疇內，隨時能夠意識到這個名詞的意義是很重要的。畢竟，本書接下來的內容將持續談及如何掌控令人困擾不堪的問題，並且藉助「睿智的思考」調適自己的心境。

哲學並非只是樹立漫無頭緒且難窺全貌的思想體系，亦非只是讓人傷透腦筋地思考飽足感和先前所吃的香腸麵包是否有直接的因果關係；換句話說，食用許多麵包真的是導致飽足感的原因嗎？或者，這純粹只是兩個可察覺的現象碰巧發生在同一時刻，而且這些頻繁的巧合產生一種兩者之間具有因果關係的假象。

能夠對人生提供具體諮詢的哲學，是以孕育「對智慧的愛」、通達睿智、培養穩健沈著的心境、進而提升身心健康為首要目標。

若是談及哲學就擺出一副敬謝不敏的表情，多半是因為幾乎不曾思考哲學的起源。經常被遺忘的是，哲學誕生於古希臘的學術酒宴，亦即款待賓客的筵席；這些筵席經常以鋪張奢華著稱，而且偏好在清爽的傍晚、尤其是在露天下展開氣氛輕鬆的會談。賓客一邊享用豐盛的美酒與橄欖，一邊在酒酣耳熱之際針對先前訂定的論題依序自由發言；可想而知，縱然有時討論的主題頗為嚴肅，整個場景卻可說是非常活潑愉快。

後來在古羅馬時期，哲學儼然成為日常生活的一部分，不再被視為複雜不堪之事，社會地位較高的中產階級市民喜歡聘用哲學家做為交談的對象和人生問題的諮詢顧問。除此之外，在市集廣場、最高法院、體育館，尤其在公共浴池，總是環繞著討論哲學的熱絡氣氛；深思熟慮、鑽研世界與心靈的哲學家，以及精彩的趣聞軼事和流言蜚語的講述者，同樣備受大眾喜愛。

總而言之，一開始，哲學與某種程度上的人生觀緊密相連，而且人們多以幽默感和泰然之心相待；然而，隨著時代的改變，哲學逐漸演變成非常嚴肅且隸屬學術領域的課題。古希臘羅馬時期的哲學家仍能隨心所欲地研討關於愛情、男女、幼教、理財、與奴隸相處之道或最佳治國之法，但是他們特別喜歡思考有關青少年成長和克服各種人性弱點的問題。

哲學最初不僅蘊涵了交談中的思想互動、靈感啟發和美學，更是一種生活藝術。最主要是，哲學自始便不斷追尋適當的生活方式、正確的生存立足之道、合乎禮儀的飲食與示愛，而且同時達到豁達與滿足的境界。

哲學與生活藝術究竟有多麼密切的關聯，稍稍回顧古希臘羅馬時期的哲學家便可一目瞭然：迪歐根納斯（Diogenes）無視禮俗，退出社會，在一個桶子中愜意地生活，不問世事。不僅身為哲學家、亦堪稱為雕塑家的蘇格拉底喜歡在與人交談的過程中尋求真理，他鍥而不捨地尋找較他更具智慧的人，卻總是心灰意冷。還有追求解脫人生困苦、不愧為生活藝術家的伊比鳩魯，他在雅典建立了自己的「花園」，也就是建立共同生活的哲學社群。

甚至較為嚴格的哲學家，如刻苦勤奮的亞里斯多德與柏拉圖，即使偶爾對政治事務野心勃勃，也未曾喪失對人生之美的鑑賞力，亞里斯多德對錦衣綢緞、珠寶首飾愛不釋手便是一例。大約在四十九歲時，亞里斯多德成立了自己的學院，名為「逍遙學院」；從那時起，他定期在學校中聚集門生，一起在柱廊下漫步，同時交換思想與心得。

柏拉圖對韻文情有獨鍾，他在尚未成為史上最著名的哲學家之前曾嘗試寫詩。身為自己所設學院的院長，柏拉圖始終如一地將所有成員視為朋友，並且強調彼此建立一種情誼真摯的心靈連繫，今人則稱之為「柏拉圖式愛情」；然而，柏拉圖對於學院的業務經營事宜則憎惡不已。

除此之外，東方哲學在其發源時期亦明顯兼具了平易近人與不繁瑣的特質，道家思想的創始者老子早在大約西元前六百年便推崇素樸、恬靜與自然無為的生活。老子特別崇尚以冥思來體悟存在，之後並由門生傳承後世。

總結

認為哲學是一件複雜不堪的事實在不合情理，相反地，你儘管放鬆心情，以平常心認識哲學。在古希臘羅馬時期，哲學尤其被視為一門生活藝術，指引人們善用智慧去面對日常生活帶來的問題。在家用哲學醫藥箱中，讀者將得知哲學無異為一種簡便良方，帶領你找到通往幸福與美滿的人生道路；更重要的是，「對智慧的愛」能讓你臨危不亂，在艱難的時刻仍不忘微笑以對。

4

日常哲學

欲運用哲學使人生獲得正面的轉變之前，必須先意識到哲學與生活密不可分。每個人都擁有一套專屬的生活哲學，也就是習以為常且根深蒂固的觀念與原則；需要理智行事或是做出抉擇時，它們便成為可靠的依據。

下列句子是否有幾項深得你的認同？或者至少覺得似曾相識？

「謊言腿短。」

「迴避紛爭。」

「勿動輒火冒三丈，勿凡事掛記於心。」

「不知道的事，不會使我激動。」

「若無法擁有所愛，則珍愛所擁有的。」

「為人處世應操守高尚。」

「與其富有而病纏，不如貧窮而康健。」

「為人子女應尊敬父母。」

上述引用的例句中，部分為諺語，部分則為一般大眾的看法，這類句子當然是多到取之不竭、用之不盡。值得強調的是，由於每個人都具有一定程度的經驗累積，在某一特定的文化圈成長，屬於某一種信仰，或者遷就於其他背景條件，因而使得某種主觀的定見日益衍生，不僅成為個人行事的思考依據，更反映在人生觀與處理問題的作風上。

縱使哲學的本務並非對問題置之不理，而是對問題進行透澈的探究與觀察，藉以贏得全新認知，但倘若有人闡述如下謬論：「我的哲學即是逃避問題。」這依舊是他自己的人生哲學，與哲學本務並無衝突。波普曾言：「不論是否心裡有數，每個人其實皆有其個人哲學。坦言之，這些哲學通通有些無濟於事，卻對我們的思維與為人處世造成不堪設想的後果。因此，用批判的眼光檢討自己的哲學實為當務之急，這也正是哲學的使命。」

個人的人生哲學確實具有特殊的重要性，因為它不但能夠創造無窮的機會，也可能潛藏了許多絆腳石與問題。你的人生哲學能夠左右你採納的觀點，卻也經常抹煞了以新角度看待事物的機會，因而無法對以往深植內心的價值觀提出質疑。

我們的觀念深受許多因素影響，諸如父母、師長、朋友、社會、廣告宣傳等等，這些或多或少都是機率性的因素；然而，誠如波普所言，對於我們的思想、行為以及情感之影響所及，我們一朝獲得的觀念將是後患無窮。

例如，假若你的人生哲學講求的是絕不服輸，因而不分情況差異、不論事態緊急與否，為了達成自己的意願而不擇手段，可想而知，你將會固執己見，無法設身處地考量他人的需求，結果落得非與他人廝殺爭鬥一番不可；如此一來，不僅心靈無法清靜，甚至可能危及健康。

此外，你的人生哲學若以逃避問題為上策，為了不傷和氣，寧可放棄向對方實話實說的權利，則要使事情獲得關鍵性的進展，或僅僅想要清楚表達彼此的想法，將會困難無比。因此，你應當學著分析那些令你苦惱或憎惡的事情，不妨思考一下問題為何偏偏會在這個時候發生，而這個問題又透露出什麼樣的訊息。除此之外，你也可以學習面對那些使你不堪其擾的人，誠實表明自己的感受，這樣的方式將會帶給你新的體驗；當然，不是只有你，其他人也會認識到以往雖存在卻掩藏的問題。

上述只是幾個例子，藉此說明個人的哲學與思維對於人生影響甚鉅，筆者將在接下來的說明更深入探討其中的關聯。可以斷言的是，每個人不但有自己的想法，更支持某種觀念，不論自身是否意識到這一點，每個人都是其人生哲學的代言人；至於該哲學是否誠如波普所言，效益不彰甚至導致後患，就不得而知了。總之，有益無害的是了解自己的思想，對本身的思慮抱持懷疑與批判的精神，偶爾修正自己的人生哲學當然也是一件十分明智的事。

總結

每個人都有為自己量身訂製的人生哲學，而且特別容易從個人的觀念與看法中洩露出蛛絲馬跡。各式各樣的因素，諸如教育、環境、文化背景、朋友等等，皆深深影響著每個人的人生哲學。正當某些人生哲學成為解決問題的利器、使生活平安無事之際，其他一些人生哲學卻可能成為我們行事必敗、生活不順遂的導火線。所幸人生哲學並非一成不變，而是隨時可以修正的。能夠仔細檢討自己看待事物和處理問題的方式，進而加以改善，經常可以獲得有益的結果，免去許多懊惱與不快。

5 思想的力量

只要一瞥本書封面，就會清清楚楚看到書名並非「哲學讀本」，而是「打開家用哲學醫藥箱」。這當然不是巧合使然，筆者言下之意也絕非認為選錄各派哲學家大作的哲學讀物不值一讀。鑽研哲學畢竟是好事一樁，但是在家用哲學醫藥箱中，可期待的卻比一本哲學讀本更多。最重要的原因是，這當中篩選匯集了各派哲學家的箴言，每一處皆有特定的意義與目的，其宗旨在於改善不良的心緒狀態，進而臻至和諧平順的境地。這種心靈的昇華亦經常被視為健康的基石。

簡而言之，有效力、有建設性的思想能夠灌溉心靈。思想即是能量，即使這種能量精微到幾乎無法衡量的地步，其威力卻不容低估。不妨回想一下日常生活中出現的大小事物，不外是某種思想或理念的衍生物，不論在生活中是否和飛機、汽車、快餐店、原子彈、醫藥、書籍、電影或小熊橡皮糖有關，這些東西全然是思想醞釀下的「物質化」產物；若是沒有任何的點子，沒有某種想像、靈感和幻覺，也沒有了思考，則當今世上絕大多數的東西——不論可見到還是可聽到的——都只能淪為無稽之談罷了。

我們的思想決定我們的人生，其力量之大，令人瞠目結舌。或許有些人根本無法想像，這是因為他們很少思索；然而，缺乏正確的思路，欲實現目標或清除阻擋人生幸福的障礙將會徒勞無功。對於身體健康與否，我們的心智扮演了決定性角色，萬萬不可輕忽。

想要理智地改變人生，唯一的途徑的確是改變內心的想法。若要以革新性的對策解決問題，就必須富有創意地思考；想要做到如此，當然唯有跳出機械式的慣性思考窠臼。

在發展「較為健康」的思想方面，哲學能夠提供非常具體的輔助；遇到困難時，運用哲學準則懷疑事物或是不斷提出問題，較容易釐清事物的真相。典型的哲學問題就像這樣：「我可以假設眼前所見是真實的嗎？」「生活的意義在哪裡？」「我是我自己的思想，還是我有思想？」「若我處於沒有做夢的睡眠狀態中，『我』在哪裡？在我來到世上之前，『我』又在哪裡？」

為了尋求問題的解答並檢討自己的人生哲學，提出其他問題勢在必行。範例如下：

「為何我會將別人覺得沒什麼大不了的事情看得很嚴重？難道真的大可不必如此？」

「面對棘手不堪的情形，可能以完全不同的方式因應嗎？那麼，該如何改變對策呢？」

「恐懼、妒忌、悲傷、孤獨、憤怒是外在因素使然還是內心的自我作祟？」

「我發現自己有個消極觀點，這是實情，還是我太多心了？」

「那些看來非常負面的情緒，諸如恐懼、仇恨、醋勁、嫉妒，也能對自我產生某些正面效用嗎？」

哲學可以促使你對以往的思考模式提出疑點，並且在必要時接納另一種新觀點。請記住：你的思考塑造你的個人！巴斯卡在《沈思錄》中寫道：「思想使人類出類拔萃。」言下之意是說，人類較其他生物更偉大是拜思考之賜嗎？從巴斯卡篤信基督教的角度而言，或許可以得到印證；然而，我們理當考慮到，人類的心智有時會浸淫在原始野蠻、以本能欲望為導向、具毀滅性的思想中，所導致的後果不妨對巴斯卡所言加以補充：思想不僅使人類出類拔萃，也會使人類悲慘淒涼。我們必須還給巴斯卡一個公道，因為他當然也料及這一點，進而寫道：「人類的所有尊嚴在於思考，但是，這個思考是什麼？不過是很愚蠢罷了。」

人類的思考本身根本沒有所謂的偉大卓越，完全只是出自人性與天性罷了。就像生物的進化和宇宙的存在，甚或親愛的上帝賦予狗兒吠叫、草木開花、河水流動、人類思考，縱使花上一生時間嘔心瀝血地思索，這些事實也不會有所改變，可以改變的卻是思考方式。正因想法是可以駕馭的，所以操控我們的想法便成為一件既有趣又實用的事。

我們的心智之所以影響人生甚鉅，是因為天天在我們腦海中轉來轉去的想法大多受到根深蒂固的思考習慣左右，這種思考習慣基於某些經驗、偏好、觀點、影響等因素而日益形成。慣於操心、戒慎恐懼且將自己「想」成缺乏知識、沒有魅力、不成材的人，所抱持的消極思想模式當然也會對生活態度和身心健康造成不良作用。

可想而知，歷史上有若干哲學家與智者持續思索和人類生存相關的各種課題，留給後世許多具正面價值的啟發，而我們正需要哲學賜予我們這些啟發，以打破具毀滅性的思考模式。諺語有云：人類並非只為飲食而活。養分的供給對於細胞的修護與再生十分重要，同樣地，心智的啟迪與陶冶對於擺脫消極思想、重建自我思考也是意義深遠。

總結

思想的威力十分可觀，絕對不容輕忽。積極、有魄力且具建設性的思想賦予人生成功與幸福，反之，消極、畏縮且具毀滅性的思想則與成功幸福絕緣；若是養成抱持負面想法的習慣，就必須提高警覺。思考習慣再怎麼有害無益，仍是可以隨時修正的，最佳方法之一便是將各派哲學家的建設性見解學以致用，並且培養「對智慧的愛」；如此一來，舊有的思想將會受到新的衝擊並得到解脫，必然對人生的態度產生直接的效用。關於這一點，尚福爾一語中的：「思考足以慰藉一切，亦足以治癒一切。」當然，唯有在我們的想法具有建設性與裨益的前提下。

6 憂慮、煩惱、妒忌成疾？

你或許曾聽說，消極的想法和心情對健康極具殺傷力？儘管大家基本上心裡有數，煩惱和憂愁不可能有益健康，近數十年來的研究結果卻已明確指出，心情愉快、氣定神閒的人擁有較強健的免疫系統功能，相較於成天到晚愁眉苦臉的人，生病機會降低不少。

自從內分泌學家塞爾利（Hans Selye）博士在一九三〇年代首創精神緊張狀態的概念以來，「身心醫學」便全面鑽研心理現象與疾病的關聯，探究心理作用如何對疾病的形成與發展造成重大影響。因此，廣為人知的是，緊張、恐懼、壓力、自卑感與缺乏自信都會使身體產生典型的徵兆反應。

負面的想法導致負面的情緒，負面的情緒則導致負面的身體機能反應。儘管心靈與肉體兩者之間的關係為身心醫學努力的主要方向，但是負面的內心狀態或感受仍為其研究重心，而非負面的思想。不過，原則上感受與想法無法完全分開，因為照理而言，反倒是先有某種想法引起某種情緒感受，接著再反射到身體的症狀上。

心理對疾病的影響可從下列示意圖看出：

負面思想→負面情緒→不被期許的身體反應

接下來我們假設一個簡單的例子，以便闡明上述連鎖反應如何印證在實際生活中。我們的另一半和舊情人小小幽會了一番之後，晚上應該到家的時間卻不見人影。於是我們暗自下了結論，他（她）一定是在幾杯美酒下肚之後臨時起意，與迷人的另一方共度刺激的豔遇與良宵去了。這個想法讓我們心裡產生不愉快的感受，可稱為吃醋與氣憤，這種抑鬱的內心狀態接著又使身體產生不適——胃痙攣、心悸、失眠、頸部與背部肌肉因發怒而抽筋。清晨八點鐘，當我們確定親愛的另一半依然不見蹤影時，甚至會將自己平時心愛的早餐擱在一旁，緊張地在房間裡來回踱步，或是做一些相當奇怪的事情。

大家一定都碰過類似的情景：

考試前的恐慌使腸胃蠕動增加。

和同事爭執使得雙手顫抖。

悲慟使我們哽咽得透不過氣。

無聊的影射讓我們面紅耳赤。

準備不充分卻又必須上台致詞讓我們變得口乾舌燥。

身體對精神上承受的壓力反應不一，有些器官傾向於對恐懼的感受做出反應，有些則是對憤怒、失望、內心的不安產生不適。每個人都熟悉與此相關的俚語，例如「一肚子氣」意指受夠了；「嚇得褲濕」與「屁滾尿流」皆形容害怕；「直入某人腎臟」意指情緒激動或大傷元氣；「某物壓在胃部」表示感到憎惡作嘔；「某物掐住咽喉」意指令人哽咽窒息；「無法下嚥」意指無法接受卻忍氣吞聲；「腦袋破裂」意為絞盡腦汁；「空氣被掏空」意指因緊張而無法呼吸；「肩膀扛著重擔」則表示壓力沈重。

研究個別的病徵及其背後掩藏的情緒當然是一件很有趣的事。由於這方面的主題已經常被研究與論及，所以我們要專注於較此更重要的問題，亦即上述身體反應背後的原理。

回想一下之前的例子：讓我們在臆測另一半不忠時飽受失眠、食欲不振、心跳加速之苦的唯一原因，是我們意識到自己對發生的事情感到失望（醫學上稱為情緒失調）。我們腦海中縈繞著不悅的想法，彷彿看到我們的另一半正躺在別人的懷抱裡，繾綣纏綿至忘我之境。姑且不提他（她）的不歸是否另有原因，與其將出現在內心與身體上的「不適感」歸咎於事件的本身，不如檢視個人的看法或人生哲學。

畢竟，沒有人可以強迫我們對某些情況發怒或產生醋意，因為一切皆強烈涉及我們看待事情的角度。重視平心靜氣的哲學——代表人物如伊比鳩魯或塞內卡，以及佛陀或老子的「捨」——有助於我們身處困境仍能超然灑脫。

藉由哲學的啟迪，惡性循環的消極意念不僅得以改變，還能贏得新的認知，這點正是家用哲學藥箱的意義所在。家用哲學藥箱欲激發我們的思想做出正面的變革，使我們能夠生活得更自在、更歡欣。某些處境——諸如另一半可能有外遇、被鄰居指指點點、即將面臨考試等等——之所以構成內心的壓力，問題就在於我們對這些處境的詮釋，改變我們的詮釋就能改變我們的反應。譬如你必須發表一場演說，如果你一點也不在意演說是否博得聽眾的喝采並且被聽眾接受，也不在乎是否會結結巴巴、不知所云，使得興致大失的聽眾不得不離席，就不至於陷入心慌意亂的地步。

想得愈多就愈放不開，愈是操心與煩惱，就愈有可能造成身體機能的不適，因而出現心悸、胃病、出汗等明顯症狀。這時當然會有人藉由酒精麻醉內心惡性循環的恐懼、不安與身體的不適反應，殊不知這項「策略」反而可能導致無法解決的惡性循環——尤其是縱情於酒精，雖然能在短期內獲得臨時的解脫，卻絕對不會徹底改變個人的觀點。

與其藉酒消愁，倒不如閱讀一本哲學書以修身養性。酣醉容易，獲得新認知卻很難，但是會讓你如獲至寶。探究哲學思想等於是探究自己的認知、自我極限與自我。

哲學是求變求新的，並且賦予所謂的「人生」另一層嶄新與深刻的意義。魏施德（Wilhelm Weischedel）在其《通往哲學的後門階梯》中對智者下了一個定義：「不僅要深思熟慮，而且對人生及其曲折怪誕具有真知灼見。」愈能認清人生的高低起伏，就愈容易找出正確且靈活的因應之道。

總結

數十年來，身心醫學指出了心靈與肉體息息相關的道理；操心、憂煩、懊惱皆足以導致身體上的反應，甚至可能引發不適之疾，這已是不容置疑的事實。不過，柏拉圖也早在當年便注意到心靈與肉體之間的密切連繫，他寫道：「健康抑或疾病、美德抑或惡習，其取決因素莫過於心靈與肉體之間和諧抑或不合諧。」

如今，科學上的研究使我們得知，像驚恐這樣的負面感受會促使一些如消化問題般不必要的身體反應產生。負面感受並非曇花一現，而是多半源於負面思想；這也就是說，情緒緊張的源頭在於我們腦中的意念，想要另闢蹊徑處理繁瑣的狀況或對付棘手難纏者，徹底轉變想法就不可或缺。然而，解鈴還需繫鈴人，醞釀錯誤思想的地方——頭腦——卻也是能使思想改頭換面之處，思想的變通與汰舊換新始終為哲學之道。

7 健康不是「非分之想」

現在有許多人或多或少不再盲目信從現代醫學的某些處理方式，因而不惜花費心力與時間，紛紛轉求其他可行途徑；如此一來，溫和而自然的療法又再度蔚為風氣。

雖然這種發展令人可喜，但是潛藏在個人思想中的盎然生機至今仍鮮少被開發利用，著實令人惋惜，因為透過積極正面的思考，或者說「睿智之見」，能使治療的過程受益匪淺。

儘管其他醫療途徑已大有發展，內心思想的力量卻一直很少被派上用場，用來扮演「內科醫師」的角色。這點實在令人訝異，因為原始部落文化早已懂得藉由儀式與唸咒來運用心靈的力量，況且身心醫學數十年來也不斷探討心神狀態與身體機能之間的關聯。此外，免疫系統學家、神經學家與心理學家亦在新興的科學分科「精神性神經免疫學」上，致力於研究思想與荷爾蒙、免疫系統之間的相互關係。

根據眾多實驗結果，精神性神經免疫學指出我們的思想的確與身體休戚與共。於是，「心與身之間的橋樑」這個概念應運而生，它強調思想、精神狀態與荷爾蒙、免疫系統之間的密切關係。

不同的是，身心醫學強調情緒感受與身體互相作用，精神性神經免疫學則專注於思想與身體之間的相互關聯，證明負面的思想足以削弱我們的免疫系統，而且就在這種思想產生的那一刻。

不論是身心醫學還是精神性神經免疫學都指出，在許多狀況下，我們的思想確實是一帖較化學藥物更好的良方，因為藥物通常只是斬草不除根，只能短暫性消除病徵，卻無法真正袪除疾病的起因，有時甚至還會引發嚴重的後遺症；不過，有時遵循醫師處方服用藥物還是必要的明智之舉。本文並不在於批評現代醫學，畢竟現代醫學也創造了偉大卓越的成就。每一種醫療方法皆有其特殊目的，特定的藥物與手術能夠消除痛苦不堪的病症，對於挽救生命同樣不可或缺。其他醫療方法如淋水法、植物療法、營養調理、順勢療法等等也同樣值得推崇，其特點大多不在於消除某一症狀，而是以鞏固強健「整個人」為標的。

無論如何千萬不能忘記，思想中的不良成分不僅會使治療難以發揮效能，還會使我們無法快樂。嫉妒、恐懼、憂慮、猜忌、惰性、神經質，以及其他諸多導致精神緊張的因素，都會在心神中作亂，削弱我們的免疫系統，使我們無力對抗細菌、病毒與黴菌的侵擾。一言以蔽之，不僅我們的內心平衡會遭到破壞，甚至連身體健康也得賠上。

經常接觸癌症患者的美國外科手術兼小兒科醫師席格（Bernie Siegel）博士，致力於研究出現自發性復原現象的病患，這些人雖經診斷證明已無可救藥，體內的腫瘤卻突然出乎意料地消失。席格博士強調，非比尋常的復原動力大多發自病患內心思想的轉變，他在諸多病例中觀察患者如何化絕境為生機，如何改變個人觀點與培養沈靜泰然之心，並且賦予生命另一種嶄新的意義。

對於思想、荷爾蒙、身體機能反應三者之間有目共睹的關係，心理學、免疫學、神經學和內分泌學的專家近來在全世界大力搜尋各種解釋。我們的思想顯然真的對免疫系統功能造成直接影響，現代醫學中早已熟悉的「安慰劑效應」便是一例。雖然安慰劑的形狀與外觀和真正的藥物沒什麼兩樣，卻只是毫無作用的仿製物而已，糖丸便是一例。經常可觀察到的是，服用安慰劑的人因為篤信其療效，不久便擺脫病痛或其他症狀的侵擾。

人們的觀點及其整理思緒的方式果真對疾病、痊癒、健康產生莫大的影響，尤其在美國，近來不斷進行大量的醫學研究，以探討為何某些病入膏肓的患者能重拾健康，而其他一些未患重疾的病人卻反而撒手人寰。至目前為止的研究結果指出，「思想與人體之間的連繫」確實存在，因為在對抗命運的擺布時，內心的沈靜泰然等因素顯然能夠增強人體的自癒力。

正常人不難了解，從事有意義的活動、心滿意足、開朗活潑且不懷憂慮、妒忌或仇恨的人不僅很少生病，甚至能夠長命百歲。不過，科學真正要發掘存在於思想、感受、身體彼此之間的最終秘密，肯定還需要一段時間，我們應該趁現在尋找預防之道，力求內心達到怡然自得的境界；唯有如此，我們的心靈、肉體與思想才能免於外來影響之害。

總結

認為人體、心靈、思想並非真的可以相互分離、反而相互影響之說，得到科學上的論證。長久以來，身心醫學已知負面情緒也會危害健康；精神性神經免疫學亦發現，思想能夠藉由「心與身之間的橋樑」直接對免疫系統產生作用。總而言之，在疾病的構成與身體的復原上，思想與觀點佔有一席之地，最能對負面思考方式對症下藥的就是哲學。部分哲學思想雖然已有千年歷史，今日卻仍歷久不衰且十分實用；藉由這些觀點，我們得以擺脫憂心、煩惱、恐懼和其他消極的心態。

雅斯培（Karl Jaspers）也強調，研習哲學的目標無非是「靜心」。透過哲學觀點培養定靜與達觀之心，能使我們的身體間接受益；這不僅有利於復原過程，亦能強健我們的免疫系統。

8

「心靈智慧」勝於藥物？

讀者必定已經發覺，家用哲學醫藥箱採用了哲學的心理學觀點，中心課題則為力求智慧，促使我們臻至氣定神閒之境界，「人智學」之說於是甚囂塵上。不過，在此並不借用史代納（Rudolf Steiner）的觀點，而是以較為廣義的角度將人智學的概念視為「心靈智慧」而加以運用。

在日常生活中碰到困難時，若是想用哲學指點迷津並養生保健，卻一直在邏輯問題上鑽牛角尖，可就無濟於事了。並非所有的哲學都能對精神、靈魂、肉體產生療效，恰恰相反的是，有不少偉大的哲學家死時非常不幸。尼采臨終前陷入全面的精神崩潰，最後瘋狂而死；齊克果最後的遺言則寫道：「這輩子的宿命，就是走到極其厭世的地步。」顯然非常消極。很遺憾的是，甚至康德本身，與其說是脫離人生苦海的智者，例不如說是神經兮兮又孤僻的人。

對於養生保健之學，大多數哲學家也是無用武之地。康德對奇特的保健規則非常癡迷，不僅每天準時在同一時刻散步，還不計一切地避免在散步時張嘴，因為他認為從嘴巴吸入新鮮空氣會引發嚴重的風濕病。於是，他以邏輯推斷散步時交談有礙健康，應該避免，這也就是康德未曾與他人一同散步的原因。

叔本華與康德相反，對於用嘴呼吸毫無顧忌，他堅信一種奇妙的液體循環具有治病的力量，並且醉心於「梅斯瑪磁力催眠術」。為了祛除左耳的疼痛，叔本華多次接受一位法國催眠師的治療，雖然最後仍是徒勞無功。

哲學領域浩瀚無窮，擁有林林種種的類別與分科。探究哲學的途徑雖然很多，但是哲學本身絕非自動帶有養生保健的功效；若是像某些哲學家一樣終日隱臥於靜室，佝僂著身軀在昏暗的燈光下苦讀艱深的哲學著作，想獲得有益健康的功效無異天方夜譚。西元前的喜劇詩人亞里斯多芬（Aristophanes）在其滑稽諷刺之作《雲》中向年輕的雅典人警示哲學造成的後果時，想必早有這種領悟：

滿臉蒼白與發黃，
雙肩下垂，胸膛瘦瘠；
舌長口呆，
下體大，

臂部小。

天啊！這就是美好的遠景？難道避免探究哲學才是上策？當然不乏相反之例，因為哲學家當中也有瘋狂崇尚養生保健之人，被視為極其健壯的英國哲學家霍布斯便是一例，他享年九十一歲的高齡畢竟是傲人之事。他的壞習慣是在每天夜裡鄭重其事地練嗓子並大肆高歌，雖然他認為這樣有益健康，實際上卻與其壽命長短毫無關聯。另外，塞內卡可說是道道地地的養生保健迷，因為他不僅以舉重、跳高、跳遠、洗冷水浴健身，甚至還命令家中奴隸成為自己的跑步教練。

某些哲學家之所以能享有健康長壽的人生，體育訓練的功勞是否遠勝於哲學卻值得我們疑慮，因此哲學不可與簡單的體能鍛鍊混為一談。誠如先前所提，「對智慧的愛」在人體發揮正面效用是間接性的；這也就是說，感冒流鼻水時，若是以為閱讀幾頁亞里斯多德的作品就能使病痛化為烏有，下場註定是大失所望。事情若是真有這麼簡單就好了。

「心靈智慧」利用睿智的見解與思想，破除有害無益的思考習慣，讓心境獲得洗滌與陶冶。閒適的內心與臨危不亂的能力將對一般身體保健產生莫大的護理功效，因此筆者在家用哲學醫藥箱中僅僅匯集了有利於培養沈靜明澈心智的哲學見解；從這個角度而言，哲學家確實有豐富且價值斐然的思想可提供給世人。

為了讓人生接受有益的改變，我們尤其應該遵循「可用」並「以實用為導向」的哲學。歷史上許多哲學家確實以不同的方式提供這類哲學，譬如來自古希臘伊比鳩魯的「對付恐懼的四帖藥方」已經流傳逾兩千多年：

無懼諸神，
無懼死亡，
歡愉唾手可得，
痛苦可以承受。

可見哲學並不見得都是艱深且難以理解，哲學家縱然對於難以費解的句子情有獨鍾，其作品中仍不乏平易近人的段落。或許你還記得本醫藥箱第一條說明中摘錄康德《純粹理性批判》的片段十分晦澀難解，套句赫德之言，簡直是令人食不下嚥。與塞內卡、伊比鳩魯、拉羅什富科、老子這些哲學家完全相反的是，康德並不在其著作中詳述實用的人生諫言；然而，當我們尋找引導人生的睿智見解與思想時，只要有耐心，康德的思想精華一定也有我們冀求的答案。以下摘選自《何謂人？》第三章〈論藝術與笑容，論兩性、疾病與死亡〉的例子，足以顯示康德的論述也可以簡單而富有深意：

心情能夠隨時保持愉快雖然大多為性格特點使然，卻也經常可能受到原則影響所致。譬如伊比鳩魯，其思想被其他人理解為縱欲享樂主義而聲名狼藉，世人殊不知唯有睿智之人方能擁有愉悅之心。

沈著冷靜之人既不歡欣鼓舞也不愁眉苦臉，與那些對生命中的巧合無動於衷因而麻木不仁者有天壤之別。

……善感，並不與冷靜沈著相抵觸，因為它是一種才能與特長，既能容許歡愉和漠然之心，亦能拒之於千里之外，也就是有所選擇。

如果蓄意讓除非死亡才能解脫痛苦的想法盤繞心頭，便是常言所謂的自討苦吃。自討苦吃大可不必，因為不可能挽回之事就必須捨去。理由是：要將已成事實變成從未發生，只是無稽之談。改善自我不僅可行，也是人的義務，但是對於超越自己能力所及之事仍意圖改變，實非明智之舉……。

總結

「哲學自體」並非能自動達到心神定靜與強身保健之功效，否則所有的哲學家早就應該擁有健全的身心，但事實並非如此。欲實際運用哲學來改善並增進自己的健康狀態，應從「人智學」的意義著手，也就是追求「心靈智慧」；必要之務是去蕪存菁，擷取能夠幫助我們解決問題的哲學思想。在家用哲學醫藥箱中，筆者已經為讀者完成這項工作的一部分，我們呈現哲學的「明珠」給讀者，特別適用於破除內心消極的意念。當然，家用哲學醫藥箱無法提供完整無缺的蒐集，因為每一位哲學大師幾乎皆有崇高且無價的思想寶藏，因此值得你跨出尋覓的腳步，找出與自己氣味相投的哲人。

9

如何運用哲學的「效力思想」

對於家用哲學醫藥箱的實際運用，筆者在此仍有幾點說明。「家用醫藥箱」的宗旨在於贏得嶄新的人生觀，使生活更為「閒逸」（Muße）。「閒逸」為舊時用語，現在經常被詮釋為「süßes Nichtstun」，意為遊手好閒、悠哉無事，但是與「閒暇」、「休息」這些用詞同樣難以道盡「閒逸」之境。

事實上，「閒逸」為尋找自我、創意思考自我存在之意義、最終達成自我實現的基本前提。「閒逸」的意義包含了和日常生活中的紛擾保持必要的距離，這段距離讓現代人和古希臘羅馬時期的哲人都能從社會環境的約束與壓力中破繭而出。因此，「閒逸」也是對抗嗜欲成性、購物成痴的良方，更是通往自由與獨立的路徑。

只要是以發展健全和有裨益的思想為宗旨，並且在人生陷入迷惘與惶惑時為我們撥雲見日，任何哲學基本上都具有療效。我們能夠獻給讀者的「金科玉律」便是：將充裕的時間與閒情逸致撥給哲學。

今日我們生活在繁忙熙壤的世界，充滿著誘惑與多采多姿的事物，而且透過媒體片刻不停地接收這些資訊。心靈愈是無法平靜，就愈難保持必要的觀察距離來認清事物；若是真想從家用哲學醫藥箱的妙方中獲益，一定要願意花時間。當然，最有利的應該是將探討哲學視為偶爾拋開塵囂的方法，並且創造一片個人專屬的桃花源。

欲運用哲學的「效力思想」，首先應了解「詞句」對不同層面的影響性。光是了解一個句子的理論，只是紙上談兵，並不表示就能實際運用於日常生活中。本醫藥箱所引用的箴言好比種子，唯有細心地呵護栽培才能發芽，因此筆者還要再次提醒大家：本醫藥箱的主旨絕對不是要讓讀者思考到腦袋崩壞。家用哲學醫藥箱的唯一目標是培育積極而「健全」的思想，以便更透澈地觀察事物，如此將可以拉大自己和問題之間的距離，減少鑽牛角尖的機會。

有創造力的思想可以抵制具破壞性的情緒，每一次嘗試不同的觀點時，就等於「研習」智慧。突破膚淺的看法，摒棄處境難堪時出現生氣、憤怒、心灰意冷等慣性情緒反應，絕對值得我們挺身力行。

佛教創始者兼哲學大師佛陀的雋語偈詩有云：「若人壽百歲，遠正不持戒，不如生一日，守戒正意禪。」然而，如何才能守戒正意禪呢？這也同樣是如何運用哲學思想的重要問題！答案絕對不是耗盡腦力、對問題千思萬想或陷入苦思之境，我們可從「意禪」二字得到線索，因為「意禪」是心神高度專注地靜慮冥思。需要的是時間，更重要的是閒逸之心。

假設你的問題是無法控制內心的欲望，而且不斷陷入欲望深淵無法自拔，你可以查詢「家用哲學藥箱適應症」，即可發現這樣的句子：「如果你縱情恣意，你的欲望……一定會逐漸麻痺，最後甚至消失。欲望本身會自我消耗殆盡。」這句話當然不是筆者所言，而是取自雷辛的《莎拉・桑普森小姐》第二章。

然而，面對這個句子該如何確實進行思考？又如何從中獲益呢？很簡單：首先，閱讀這段引言時，你的理解力會自動引導你去整理獲得的資訊，這個步驟發生得非常自然。之後，直覺會很快地告訴你，這個句子是否對你有所啟發，或是暫時無法提供任何助益，必須繼續閱讀才知結果。

想要實實在在地探討哲學，思考句意、同時檢視是否和自己的人生有關的確為必要之舉，提出相關問題即為一例。第一個問題應該是：「這樣的說法到底正不正確？雷辛的看法正確嗎？」要回答這類問題，通常必須透過其他問題的輔助才能解決：「這種觀點適用於所有人還是因人而異？換句話說，只對某些人有效，對其他人則無濟於事嗎？後者若成立，適用於我嗎？對於雷辛的說法，我是否曾經親身經歷過，也就是不強加干涉欲望反而得以擺脫欲望的支配？」

你當然可以窮追不捨地問下去：「欲望究竟有哪些？其中有哪些屬於人之常情，哪些卻足以破壞自我的發展？我渴求的東西實際上只是我在另一方面無法滿足時產生的替代品嗎？

行事若隨心所欲，我的感覺如何？反之，若是反抗內心的欲求，我的感受又是如何？到底是什麼因素讓我無法擺脫欲望與貪婪？雷辛的建議難道一點也不危險嗎？畢竟，最終導致縱欲無度、放蕩不羈的後果也不無可能。」更具體地說，你應該深思的是，透過哪些方法可以將這些建議付諸實行，並考慮是否在日常生活中做個小實驗加以印證。至於經驗與結果，不妨記錄在日記中，有助於評判與檢討。

舉例而言，放縱某個欲念做為嘗試。如果你無法抵抗電視或鮮奶蛋糕的誘惑，不妨讓自己在一週內每天看十二個小時的電視，或是每日三餐配上分量可觀的鮮奶蛋糕，之後再斷定雷辛所言是否不假。

誠如你所見，思索哲理並運用在日常生活的方法林林種種，你必須具備的不外是一點創意與實驗心，以及深入探討思想、尋找答案的興致。

再者，隨時具有對自己的觀點提出質疑的準備，絕對沒有害處。倘若某些一再出現的情況使你產生焦躁不安的反應，你不妨從處世泰然、氣定神閒的人身上學習他的人生態度。也許，剛開始會像演戲一樣顯得做作，但是你會逐漸發現，改變習慣成性的行為絕對是可能的；最妙的是，還可體驗箇中樂趣。

基本上，筆者蒐集在本醫藥箱的哲學思想只是扮演建議的角色，促使讀者從中獲得靈感的啟發，進而嘗試新的方法與改變，讀者仍需進行自我獨立思考，以輕鬆而不嚴肅的方式探討這些建議。別忘了盡情發揮你的想像力！若有興致，不妨將一些哲學大師的名言牢記在心，在心中反覆背誦，如此一來，效用將在潛意識中蔓延開來；若是想待隔日再決定是否該深入探討某些思想與建言，亦無關緊要。

結論

欲從本醫藥箱蒐集的哲學箴言中獲得最大效益，可遵從下列幾項「不嚴格的規則」：

1 留給哲學充分的時間。唯有靜心與閒逸，才能真正帶領你進入哲學殿堂，發掘其中的樂趣。

2 不要給自己壓力。即使目前問題纏身，仍應從煩惱苦思中跳脫出來，否則將無法看清事情的真相。

3 不要只用頭腦思考哲學，也要用心靈感受。

4 光讀格言是不夠的，重要的是追根究柢。提出問題！如此才能幫助你了解所引證之言對你本身的適用度與實用度。

5 發揮創造力與幻想力來探討哲學。不論善於分析還是冥思，也不論是培養思考力還是使哲學思想的效用在潛意識中發揮，只有你最清楚哪一種選擇對自己最好。

6 最後這點也很重要：若是感覺到自己特別喜歡某位哲學家的說法，不無可能的是，你也將對其哲理情有獨鍾。因此，精明的做法便是閱讀相關著作。

10 哲學醫藥箱使用須知

從下一章節起，便進入本藥箱的主要部分，將會談及許多最常見的心理問題和解決因應之道。不過，在此之前，針對最重要的觀點和家用哲學醫藥箱的「使用須知」，筆者將歸納出簡單扼要的概述，提供讀者參考；至於哲學醫藥箱的實用方法，則將在這裡逐漸告個段落。你現在已經知道，若是想獲得有益人生的改變，哪些哲學思想對你個人而言受用無窮，哪些則不太派得上用場。此外，到目前為止，你不僅從本醫藥箱中獲悉了一些介於思考、感受與人體之間的相關性，還得知如何善用哲學的「效力思想」。

因此，有關在日常生活中付諸實行的方法，筆者便不再贅述，以便留給讀者充分的思考空間。至於我們對哲學名言所下的評註，一則為詮釋，一則為激發靈感，你可以在哲學思想與日常生活之間搭起一座互通的橋樑。必須再三強調的是，我們提供的並非錦囊妙計或速食人生秘訣，因為這完全不合乎哲學精神——對智慧的愛。

康德在其〈實用觀點下的人學〉中提出，探討哲學的第一個基本準則即是：自我獨立思考！一點也沒錯，除了不斷進行自我思考之外，別無他法。為什麼？第一個原因是：即使是最偉大的哲學家，也有思考錯誤之時。第二個原因是：同一種說法可能只會讓某些人哈欠連連，卻會使某些人豁然開朗。第三個原因則是：一句話在今天顯得平庸乏味或荒謬愚蠢，明天可能就受用無窮。

使用須知

1 「打開家用哲學醫藥箱」既非艱深難解的哲學讀物，亦非哲學概論，更非一般提供解決方法和錦囊妙計的「生活諮詢參考書」。

2 身心醫學和精神性神經免疫學不斷地研究證明，心理上的問題諸如恐懼、憂慮、嫉妒或自卑感，終究也會危害身體健康，家用哲學醫藥箱即是以此理念為根據。

3 快樂又平心靜氣的人若是很少臥病在床，定靜閒適的情緒則為身心健康、免疫系統強健的首要前提。

4 思想對你的生活感受具有不可低估的影響力。消極的思想模式會產生毀壞性的作用，建設性的思想則會引導你通往成功、滿足、幸福與健康之路。

5 哲學能夠啟發你的心靈，改變根深蒂固的觀點，使你的想法更清晰有條理，並且破除有害的慣性思考模式。

6 視哲學如燙手山芋的心態非常普遍，雖然沒有道理可言，卻是人之常情。若能理解「哲學」的意義為「對智慧的愛」，便能善用哲學，以閒逸沈靜之心過人生，以泰然自若之心處世。

7 並非所有的哲學思想都能自動使人幸福快樂，因此，家用哲學醫藥箱只從東西方思想家當中篩選出具有正面價值、能夠激勵人心的思維與智慧。

8 家用哲學醫藥箱可以協助你檢討並改善自己的人生哲學。某些人生觀和處世態度可能使生活無法順遂愉快，某些則可能是解決問題、創造美滿人生的最佳工具。

9 藉由哲學方法的運用，並同時對世俗之見和反應提出疑慮，才有機會培養出不同的觀點。唯有習於以各種角度觀察問題，才能與問題保持充分的距離，個人的行為態度也就有更多的改變空間。

10 愈能「獨立思考」、不盲從別人出自善意的勸告，就愈能掌握自己的人生，信賴自己的判斷力。

11 使生活輕鬆愉快又健康的最佳保證就是培養定靜之心，也就是避免壓力與緊張，而避免情緒緊張最明智的方法不外是杜絕源頭，也就是心中的想法。當你幾乎無法改變周遭的人事物時，重新定義事情將有助於心境的平和。

12 愈是積極從心理學的角度探討哲學或「心靈智慧」，任憑困難擺布的機會似乎就愈渺小；若是能進而扭轉並主導形勢，保持鎮定、避免衝動即非難事。

13 研究哲學應伴之以輕鬆自在和悠遊之心，並將哲學大師的人生見解視為靜思之道。思考時，除了用頭腦理解，還要用心靈體會，並欣然接納自我的蛻變成長。

14

請記住：哲學不一定是複雜難解的，它其實是一門人生藝術。和音樂、繪畫相反的是，這種藝術的目的不在於創造作品，而是創造自我滿足、穩健、活潑、圓融與睿智的成熟人格。

適應症

以下列舉的症狀皆有一個共同點：令人避之唯恐不及。儘管這些症狀幾乎是人生路上必經的問題，但是這些問題造成的苦惱和憂慮卻經常是一籮筐。諸多哲學家將「問題」稱為性格弱點、品德瑕疵，甚至還有「缺德」之說；對此，我們撇開不談，因為這些批判性的名稱會讓一些讀者產生不必要的負面情緒，還可能造成讀者以為自己有毛病的印象。「問題」本身並不可怕，因為它們對人類而言十分理所當然，而且比比皆是，所謂的「弱點」、「缺陷」或「惡習」也是同理可證。縱使如此，我們還是應當設法擺脫那些造成我們精神負擔和心神不寧的消極觀點，唯有如此才能創造肉體與心靈的和諧，進而達到健康與身心舒暢的境界。

想要憑藉著幾個簡單的訣竅過人生，經年累月之後，就足以和討人厭的個性及不愉快的心境斷得一乾二淨，這其實是妄想，借用哲學的處方與策略自然較盲目聽從一些好伎倆更嚴謹。因此，像「別垂頭喪氣，一切將否極泰來」這樣的句子有時或許是為了振奮人心，但就算這類話語有時的確能引起心理作用，也大多解決不了問題，因為這種只是治標不治本的話語根本不會徹底改變當事人的觀念。要剖析一個問題的內在，除了更加精確地探察、捫心自問之外，別無他法，這也就意謂著以「哲學」之道為人處事。

我們還要向讀者證明，下文列舉的「難纏鬼」，有幾種與其說是事物的原理釀成問題，倒不如說是個人的主觀使然。眾所公認的棘手問題並非對每個人而言都是導致心不愜意、體不安和的絆腳石，舉例而言，正當某些人隨著年齡增長而惶恐不安之際，卻有某些人坦然接受，樂見年齡遞增使自己隨遇而安，不再是一副年少輕狂、目中無人的模樣。還有兩個例子：一、有人最大的心願莫過於克服愛吃醋的心理，但很可能對別人而言，發醋勁卻正是愛的表白，或至少能為日趨乏味的感情加點佐料。二、視怠惰、懶散為個人發展阻力並加以抵制者不勝枚舉，但是對某些人而言，怠惰、懶散卻彷彿是天然的防護機能，能抵禦心力交瘁，免於汲汲營營、毫無意義的謀求。

你瞧，以不同的角度來看，事物就有千百種樣貌，哲理的思考又何嘗不會因思路不同而有見解上的差異呢？因此，筆者若是借用不同哲學家的論點來引證同一個問題，卻時而出現各家觀點差距甚大的情形，這絕非筆者的疏忽，而是筆者有意的布局。值得一提的是，下文的宗旨不能也不會擅自將名家智慧當成可口佳餚，畢竟智慧是無法一蹴可幾的，不如將它視為個人思考的結晶、有益的創見和泰然處之的人生觀。

筆者費盡了心思，將人類的諸多疑難雜症與哲學思想的變化多端加以對照；另外，對於哲學的運用之道，也加上一些其他的建議。儘管如此，我們還是竭誠邀請讀者進行完完全全的獨立思考，因為哲學和追尋真理的美就在於不可能有專利處方，每個人都能隨心所欲地思考與詮釋，探索出自己的道路。如何達到更怡然自得、心平氣和、心滿意足的境地，必須自己去發掘，因為一種方法不能套用在所有人身上。

症狀 1

年華老去

「你的智慧卻如花綻放。」

對於每年即將到來的生日，幼小的孩童總是難掩興奮之情，除了生日之外，那種既等不及又充滿期待的喜悅頂多在聖誕老人駕臨前夕才會顯露。不過，這種令人嫉妒的情緒在某些人身上很早就逐漸減退，在某些人身上則較遲，但一般而言，大約從人生的第三十、四十或五十個年頭開始，人們對生日的好感可說是直線下降。

沒有人喜歡變老，如果你有「怕老」這樣的問題，說穿了十分正常。難道你的境遇會和其他怕老一族不同嗎？大家心知肚明，每天晚上在浴室盥洗時，鏡子四周的燈光總是愈調愈暗，暗到至少讓臉上最深的皺紋看不見才罷休。一隊隊抗皺霜、抗橘皮組織霜、保濕乳液、蜜粉盒、牙齒漂白劑和染髮劑駐紮在浴室櫃子裡隨時待命，準備與歲月進行一場沒有希望的戰鬥。按摩刷也買了，上健身房的時間也預約了，鳳梨減肥食譜也嘗試過了，或是著手其他類似的事情；然而，至少以哲學的觀點來看，這些都不足採信。

只要用不可或缺的幽默面對老化，就沒什麼好擔心的了。筆者之所以決定以老年為探討主題，原因就在於：必須目睹年華老去逐日印證在自己肉體上，是很多人做不到的。

少有人懂得老來自我調適。

——拉羅什富科

在此必須先提兩件事。首先是壞消息：有朝一日你會變老！接著則是好消息：請參考第一點所提的壞消息。令人放心的是，年齡增長本身並無所謂的好壞之分，卻總是值得爭取，除非你寧可英年早逝（當然，決定權在你，況且真有此例）；然而，年齡本身並不是懲罰，也不是親愛的上帝惡意布局來刁難我們。

和與日俱增的年歲抗爭本質上是荒謬的，否則我們早就有可以投遞申訴信函的地址，要求至少今年能夠網開一面，讓秋天緊接著春天而來，因為本身憎惡炎炎夏日。

年輕時光過後，中年和老年相繼而來已是不爭的事實，智者或追求大智的人會避免和這種理所當然的事實搏鬥，免得到頭來對真理產生絕望而未老先衰；相反地，他會設法認清事物的真實面，並且將事物最美之處呈現出來。

人之生也柔弱，其死也堅強。草木之生也柔脆，其死也枯槁。故堅強者死之徒，柔弱者生之徒。

——老子

雖然許多人反抗變老，但是真有幾人深思自己究竟在反抗什麼呢？年老到底是什麼？年輕又到底是什麼？年老是以歲數的多寡而定嗎？若考慮到「年齡由心而生」這句老生常談，試問年齡真的能以心境來區別嗎？所謂的年老只是涉及身體狀況，還是也有心靈上與精神上的老化？你今天過得比十年前還糟，是因為老了十歲嗎？年齡與幸福之間到底有沒有關聯？若有，是什麼樣的關聯呢？

你瞧，令人不愉快的事物有時很難近乎理性地定義呢！而在《道德經》裡，老子不外是暗喻事物之間的關聯性。他觀察到年少時與靈活、溫柔、韌性、柔軟有關；相反地，死亡時則伴隨著僵硬、堅固、乾枯、無韌性。至於「年老」，老子顯然隻字未提。

若靈活變通、興致盎然且接受力強，從事令自己振奮不已的工作，懂得享受人生，即使到了八十歲也不算老，幾條皺紋和身體的病痛也不算是老的證據。「老」，與其說是生理作用，倒不如說是心理作用；不會對自己的年齡想東想西的人，就幾乎不會和變老的問題過不去。

對於變老一事憂心忡忡只會適得其反、老得更快，而且憂慮的心情會愈演愈烈。以人際之間耳熟能詳的小伎倆為例，你一定聽過：「真的嗎？你已經這麼老了喔，一點都看不出來嘛，我真的沒想到。你看起來起碼年輕 n 歲！」（n 是變量，心思敏銳者可藉此聽出言者之意是出於好感、禮數、謊言，還是純粹諷刺。）

這種客氣的說詞雖然出於好意，卻也引發一種不良的心理效應：人們太容易因而產生一種印象，也就是年輕至上！如果年紀已經不輕，也要讓人看不出才行。然而，也不乏另有高見：

> 我的評論是，幾乎每個人的性格都會和某一年齡階段相稱，當他到達這個年齡時，各方面就會顯得較他人更勝一籌。有些原本討人喜歡的年輕人，老了之後就昔日不再；其他一些孔武有力、勤奮工作的中年男人，衰老後也就無用武之地；又有些人老來卻很隨和可親，晚年無異是人生的最佳寫照，這是因為人生閱歷較年輕時更豐富、處事也更坦然。
>
> ——叔本華

有些人唯有在自己還年輕時才覺得愜意自在，終生對初吻、初次濕刮鬍子和自視為「狂飆時期」的得意風光緬懷不已。有些人則巴不得能夠放棄兒時與年少時光，他們在邁入中年時終於得以擺脫依賴性的枷鎖，將那些令人心煩、嘮叨說教的人拋到九霄雲外；創業致富，結婚生子，實現內心追求的一切，年少和年老令他們毛骨悚然。

至於叔本華列為第三種族群的，則是已逾中年、大器晚成的人。他們幸福快樂，不再過著多少令人憎惡的職場生活，較能泰然處事，心血來潮地從事以往從未有時間嘗試的興趣與活動，於是確實顯得日益年輕。

就像早起的鳥兒和夜貓子有天壤之別，有些人特別在意年少青春時期，有些人則是在熬過最艱難的年少時光後方覺海闊天空。由此我們可以認清，問題所在並非我們逐日變老，而是我們賦予「變老」的涵義，這點即為問題的關鍵，因為我們當中就有許多人抱著負面的想法。

「怕老」經常來自於對死亡的畏懼，更甚者，是擔心失去外表的魅力。在這個以廣告為導向的社會中，中老年人少有發揮的餘地，正當媒體持續強迫推銷完美的人生不外是青春永駐、永保笑容、精力充沛、生氣蓬勃以及具有瘋狂消費力時，恐懼便籠罩在所有無法符合這種完美形象的人心中。這是非常合理的恐懼，於是，「老年」即是「淘汰」的社會認知再加上個人青春永駐的心願日益加深，使得一場和皺紋的競賽無可避免開打了。

如何才能有效擺脫變老的恐懼呢？唯有接受人類終會邁入老年的事實，並且自我檢視伴隨而來的複雜情緒，必要時進而積極改變。請記住：老不老只是看法上的問題。畢竟，世上不乏一些極幸福的人已年逾九十，這證明高齡並不見得迫使人生苦惱；反之，極不快樂的年輕人比比皆是。

不容忽視的是，年歲的增長事實上有其益處，現在來談時機恰到好處。

老來必然的好處，就是免於在尖酸刻薄、負擔沈重的物質世界中奔波，而能以心靈的本質來思考，以超然之心眺望世上之物。

——洪堡

只要認清世上的事物及其阻力，就能經常隨遇而安。在日常生活中，泰然、沈著、合宜的幽默感實際上較能在長輩身上見到。

年輕卻缺乏人生經驗，使人愚蠢無知；中年以前就展現成熟世故的少之又少，多半在人生的後半輩子才能創造出人生的巔峰。像「人生的後半輩子」或「人生的黃金時代」這樣的概念必須謹慎使用，因為很容易引起誤解。如果一個人能活到百年，他「人生的後半輩子」從哪裡開始算起呢？如果一個少年不幸病入膏肓，他的後半輩子又該從哪裡算起？「人生的黃金時代」同樣難以定義，若是涉及性能力與生殖能力，我們可能會陷入絕望，因為以生物學的角度而言，年過二十歲，「最佳」時機就已過去；相反地，許多藝術家與科學家在非常晚年時才締造事業成就的最高峰，這就是他們的黃金時代。

再舉一個於老年得利的引證：

少年時，人生智慧銘記於心，晚年自是活用之時。

——盧梭

以人生閱歷而論，老來正是探討哲學、沈思修心、冥想打坐的最佳時刻。年輕時總是有其他事情讓我們分神，尤其是欠缺寶貴的時間，不像年逾六十或六十五的人多半擁有充分的時間可運用自如。老來懂得巧用時間，就能輕鬆自在地贏得見解與智識，這是年輕人唯有在例外情況下才能吸收到的。

當然，年老並無法使你免於愚蠢——不論你多老，如果終日守在電視機前避不見面，以娛樂週刊麻醉自己或借酒澆愁，自然不會成為智者；同樣地，年輕也不會自然而然地使一個人荒謬可笑。我們在此只是做一個可能性的探討，正如雷辛所描寫：

> 最令人欣喜的莫過於這樣的恭維了：
> 老伯，雖然你白髮蒼蒼，你的智慧卻如花綻放。

從這段描寫可見：根本沒有「人生的黃金時代」。姑且不論如何做到，若我們能——這完全是可能的——不失尊嚴地邁入老年，深知世界與我們一同老化，使我們的心智保持清醒，而且樂意接納新事物，為人保持柔軟與靈活度（老子一定也會這樣說），就沒有理由也沒有時間庸人自擾了。至於我們是否白髮蒼蒼（雷辛當時也極有可能改寫為頭髮光禿）也不重要了，因為如花綻放的智慧足以撫慰所有的創傷，聰明的人千萬別拿智慧來交換一雙跑得快的腿或是一張完美無瑕的臉蛋！

症狀 2

恐懼不安

「想到未來極有可能遭遇不幸時的心病。」

若以強烈程度區分，恐懼絕對屬於最不舒服的感受之一。恐懼讓人產生壓迫感，呼吸變得淺而急促，不僅心跳加速，而且揮汗如雨。恐懼更是說明「思想的力量能主宰心靈與肉體」的例證。畏首畏尾的人總是拉高兩肩，容易產生肌肉痠痛、腸胃蠕動快速與其他不適之症。

恐懼有許多面孔，稍後即將提到的「吃醋」便是其中之一。恐懼以害怕、毛骨悚然、驚嚇、惡夢、膽小、驚惶失措等形式出現，其類別確實不勝枚舉，身體因而產生的反應卻大同小異。除此之外，恐懼宛如蔓延不止的禍害，今日人類承受的恐懼林林種種、前所未有。

想要從恐懼的桎梏中解脫而出，首要之務便是認識並了解恐懼。恐懼如何得逞？背後暗藏著什麼訊息？是否有原因和道理可尋？或者根本只是庸人自擾？

基本上，恐懼可劃分為兩個範疇。第一類為多數人所熟悉，即具體性恐懼，如害怕看牙醫、填報稅單、蒼蠅飛蚊、蜘蛛、蛇類，害怕父母、師長、疾病、罪犯、非自願性懷孕。第二類則潛伏在意識最深處，是沒有具體意象且不明確的恐懼；儘管如此，這種恐懼卻會密集滋長，導致內心陷入驚惶失措的地步。

對於任何一種具威脅性的恐懼，當然可透過經驗豐富的醫師尋求解決之道；然而，如何幫助受恐懼之苦的人，如何更有效地克服恐懼問題，哲學也自有一套方法。

恐懼，是我們想到未來極有可能遭遇不幸時的心病。

——洛克

恐懼的定義很多，而上述由英國哲學家、教育學家兼醫師的洛克提出的定義，則有趣地揭露了恐懼的兩個秘密。

第一個秘密：在一般情況下，恐懼與尚未發生、令人不適與不悅之事有關，大多和未來脫離不了關係。古時日耳曼人害怕天會塌在頭頂上，今日懷有這種恐懼的人少之又少；而現代人心生畏懼的反而是看牙醫、考駕照、看診、面試，或是收到財稅局的補繳通知單——這些事可不會讓古日耳曼人寢食難安。不過，誠如杞人憂天一般，現代人的恐懼也和將會發生或自行猜測的事情有關，對於昨天發生的事倒是不至於感到害怕。

第二個秘密：心中的念頭是左右恐懼形成的因素，或是導致洛克所說的「心病」。例外的是，有些恐懼出於直覺本能，使我們免落陷阱，甚至使我們臨危時果敢決斷。這些為求生而形成的恐懼，如懼怕疼痛與轟然巨響等等，以及附帶產生的逃亡、搏鬥等自然反應，絕對是再正常也不過了。

對根本尚未發生的事件感到恐懼不安，反而既不健康又多此一舉，而罪魁禍首不外是心中的念頭。

> 沒錯，假若人類的心智不去揣測未來，也不思考周遭生活環境以外的事物，就根本不會耗費如此多的精神而殫精竭慮，根本不會飽受如此多的煩憂與失眠之夜而感到害怕，也絕不會頻頻挑起生死攸關的戰鬥。
>
> ——西塞羅

由此可知，恐懼不僅經常和「將發生」或「可能會發生」的事情有關，而且還源自於內心的想法。兼顧這兩種說法的解決途徑便似乎成了：「對於未來，還是別想太多為妙！」不過，要做到西塞羅所言「不思考周遭生活環境以外的事物」絕非易事，因為這意謂著只是全神貫注於當下進行的事情，不可或缺的是本身「內心秩序」的掌控。倘若對冥思打坐的技巧一竅不通，本身亦非禪宗僧侶，下場將一點也不令人意外：從早到晚，思緒在千變萬化、五花八門的事物中漂浮遊走，一片混亂，心中便自然而然地一再陷入恐慌的泥沼中無法自拔。集中心神於「現在」的技巧雖能防範一些恐懼，卻仍不足以應付許許多多的憂慮與不安，除非能夠熟習坐禪且永不間斷。

誠如你已知，想法的「傾向」是決定我們畏首畏尾或信心滿懷、淒涼悲哀或心滿意足的最主要因素，因此，能夠修正想法的傾向就能防止恐懼的侵襲。例如，當腦海中浮現恐懼之念時，便訓練自己立即反射性地以正面想法充當擋箭牌；換句話說，只要一感到恐懼襲上心頭，就去做一些自己特別喜歡的事。

你也許會納悶，心底最擔憂的事萬一成真，局面將會如何？對個人最負面的衝擊又是什麼？必須重考、負債貸款或是一死了之？如果能盡情想像最可怕的境況，愈是具體就愈會發現，再糟的事情過去之後，人生還是可以繼續走下去。多加注意個人的言行舉止，甚至還能防範於未然。

害怕所做之事被鄰居察覺，就放手別做。

——伊比鳩魯

對於伊比鳩魯這句話，假若過於狹義地在字面上鑽牛角尖，當然就會誤以為能夠避免的恐懼寥寥無幾。廣義而言，這句話卻告訴我們，會給自己惹來許多麻煩的事情還是盡可能不要接觸，也就是為了避免行為不當所導致的後果，凡事應三思而行。不論是洗劫銀行的盜匪、每天五包菸的老菸槍，或是與老婆的好友有外遇關係的男人，必然會飽受內心恐懼不安的折磨；若是處事謹慎，根本就不必如此自討苦吃。

培養勇氣與膽量當然也是消除恐懼的方法之一：

要抗拒不幸，勇氣勝於理性。

——沃維納格

勇氣是一種能使許多狀況化險為夷的性格特質，沃維納格舉出的現象即是：與其說世界屬於理智之人，不如說是勇者的天下，諺語所謂「一身是膽，克敵致勝」確實不假。不過，最重要的是，勇氣能夠驅逐許多與懦弱膽怯有關的恐懼。

有膽量的人不會怯懦，這是不爭的事實。所幸勇氣可以培養，訣竅就在於願意面對害怕的事物。秉持這種想法，行事成功的機會總是較畏縮不前甚至嚇得軟弱無力還高。

儘管恐懼源自於對事物欠缺認知，但是人們卻覺得沒有必要為了擺脫恐懼而花費精力探究原因。

——塞內卡

最後提出的這一點也很重要：認知能夠使人擺脫恐懼的束縛，而且非常徹底。不過，想要贏得這種認知，所需卻是腦力與耐性，才能探討諸如下列這些難以回答的問題：無可避免之事是否還阻止得了？假如引發恐懼的因素如損失、疾病、死亡等是命運的安排，又何必白白浪費這麼多精力擔心害怕，只為了迴避人生無可避免之事？恐懼是否暗示缺乏對人生與上帝的信念；換句話說，就是不相信凡事冥冥中自有安排？恐懼真能防止不幸發生嗎？那麼，哪些是正面的、哪些又是負面的恐懼呢？恐懼也存在於我們的想像之外嗎？或者只是我們意識中的消遣活動，是用來調劑生活、消除枯燥乏味的伎倆？是什麼原因阻撓我們袪除內心的恐懼？最後會不會連擁有無憂無慮的生活都感到害怕？

可惜，認知並非憑藉著一些速成妙計就可獲得。完全遵從別人的意見和敢於獨立思考兩者差異甚大，雖然前者使人不費九牛二虎之力便得以坐享其成，然而，旁人是否真的具有廣博見識與真知灼見足以提供我們一些門道（雖是出於好意），則值得懷疑。相反地，我們無法強求自己全知全能，但是當我們不斷增長見識、洞察問題並發掘出個人獨有的致勝之道時，所得成效將較聽從旁人建言更為卓著。

症狀3

欲望難填

「人的本性。」

欲望的滋味是香甜的，如巧克力布丁一般。問題是，為何「欲望」在此被列為負面的內心狀態呢？難道渴望與追求也是壞事嗎？會使人受苦連累嗎？或者換個角度問：愛也可能是罪過嗎？

欲望是人的本性。

——斯賓諾莎

瞧，斯賓諾莎甚至將欲望與人性相提並論。這或許有些直言不諱，卻隨處可得印證：當嬰兒連自己的名字都還沒有概念時，就已經會強烈渴求母親寸步不離，渴望溫暖的懷抱與母奶；若是得不到哺乳，至少也要有奶瓶隨伺在旁。除此之外，親戚朋友也經常送來一堆五花八門的玩具，無意間等於向小嬰兒宣告世上充滿了許多有趣的東西，等著他去取得與追求。

欲望是內心的希望、思慕與佔有欲，不僅是重要的人格特質，而且在人類成長的早期階段便已形成，至人生晚期才告終止。

世間最美為正義，最好為健康，最甜則是獲得夢寐以求的東西。

——亞里斯多德

有「邏輯之父」美譽的哲學大師亞里斯多德，較荷蘭哲學家斯賓諾莎早約兩千年提出欲望的可貴，兩人看法不謀而合。如果獲得夢寐以求的東西真有如此甜美，可以確信的是，人生處處有數不盡的甘甜，而且大可不客氣地享用，因為人們的渴望不也數不盡嗎？錢財、汽車、打情罵俏、旅遊、性愛、冒險、鮮奶蛋糕、愛情、事業有成、衣服、大麻菸或背部按摩。

就算只有半數的心願實現，人們心中的歡欣之情仍不可言喻，因為一般人將欲望的滿足視為幸福的代名詞；不過，事情並非這麼簡單：

狂熱追求某事之前，先察看已經擁有的人是否幸福。

——拉羅什富科

通常人們認為，實現所有的心願可媲美天國仙境——鮮乳與蜂蜜如泉湧不絕，而且沒有電話帳單煩人。可惜……

據經驗與研究顯示，獲得內心冀求之物並不見得就能擁有幸福，原因可能是：願望或欲求源自於「匱乏感」。譬如，你憑空想像自己非常需要一頂新帽子，實際上只是因為不滿自己的年齡，或者不滿自己連一頂帽子也沒有。這種「缺乏帽子」的心態令你心有不甘又痛苦萬分，因此介於現實和想像之間的衝突不斷擴大，心願便油然而生。

這個心願會讓人異想天開，以為倘若真的有錢又有閒，老早就能將某件心中巴望已久的衣服買下了。欲念薰心時，整個思考力也被牽著鼻子走，可說是痛苦極了。如果命運之神對你特別眷顧，那麼過不了多久，你的頭上果真會戴著一頂夢寐以求的帽子——這能讓你短期內充滿幸福快樂的感受。

這種幸福之感是因內心的「空隙」被填補使然，可惜只是曇花一現。就像在背部搔癢，搔到癢處時痛快至極，但滿足之心卻不會久長，因為之後新的癢處又開始出現。

欲望的自然驅動程序（缺乏——追求——滿足——再度缺乏）在「帽子」之例中尚無大礙，然而，你若開始渴望新車、新歡或逃避人生，事情將變得嚴重。實現願望所需的方法可能會使你勞心又傷財，因而浪費許多寶貴的時間，甚或誤入歧途，如嗑藥、酗酒等。

如果要問如此費心費力是否值得，答案必然是：值得深思。無庸置疑地，人類天生便有許多欲求，諸如飲食、棲身、衣物等，但是「欲念」一詞和這點的關聯較少，反而多半涉及非生存必需品。

若是像拉羅什富科所言，狂熱地追求某事，就應該先瞧瞧那些已經擁有者的臉色；尤其在大多數實例中，家財萬貫的人跟財力較弱的其他人一樣是滿臉愁容，甚至有過之而無不及。

欲望最貧者，最富有。

——塞內卡

塞內卡的探討較拉羅什富科更深一層，因為他的建議並非檢視自己的欲望，反而是完全拒之於千里之外。我們知道，內心的願望可能為自己惹上麻煩，並且讓自己做出一些稀奇古怪、費時、具風險又幼稚的事，導致心神不寧，明智的做法理當為清心寡欲。

這點也已經很接近佛家的看法：有欲就有苦。佛陀認為，痛苦的最大原因來自於追逐欲望，佛法中有謂：「求不得苦。」

然而，縱使心願達成，痛苦卻依然存在，因為唯恐終於到手的也終將失去，甚或希望能夠重獲欲望滿足時的快感。若是不相信，不妨觀察一下誤搭上禁菸班機去紐約的老菸槍必須忍受煎熬直到目的地，這絕對不好受。

離開一切，才能找到一切；放掉你的欲望，才能心靜。

——肯培斯

肯培斯較塞內卡又更進一步推論。由於本身為基督教神秘主義者，這一點也難不倒他。跟隨上帝、心如止水的信徒並不戀棧紅塵誘惑，這對他們而言不過是夢幻而欠缺實際的小兒玩意；然而，像我們這樣的凡夫俗子光是能夠少看一些荒唐胡鬧的電視節目，或是放棄購買一條用不著的浴室地氈，就算是很幸運了。

不過，我們也不必立刻成為苦行僧，偶爾盡情地實現大大小小的心願有何不可呢？無論如何，要提醒你的是，能夠領悟出「滿足欲望雖令人開心，卻不一定使人生幸福」這個道理，畢竟總是助益良多，而且讓人如釋重負。

> 如果你縱情恣意，你的欲望……一定會逐漸麻痺，最後甚至消失。欲望本身會自我消耗殆盡。
>
> ——雷辛

姑且不談咬緊牙關、努力壓抑欲望其實沒有多大效用的論題。能夠了解事情的來龍去脈，並且捫心自問「如果我的心願達成，真的會比較快樂、滿足和心安嗎」，才是削弱欲念的最佳利器。

想要擺脫不必要的欲望，另一種不累人的方式即是不牽制欲望。雖然雷辛的看法基本上不無道理，卻不一定能發揮作用，因為有些人本身傾向於尋歡作樂、遊戲人間，這些人多半也不會經一事長一智。反之，對於頭腦清醒的人而言，想要解脫對欲望產生的依賴性絕對是可能的。

那要怎麼做呢？很簡單：對於任何視為無價之寶的東西，不僅要窮追不捨，而且要設法盡速獲得，同時徹底觀察自己的精神狀態和感受幸福的程度。結果則是：人們往往從自己的經驗中學習，尤其是從錯誤中獲取教訓，並且從每一次失敗中檢討出背後的真正原因，這時欲望就消失無蹤了。

欲望的適度與否或許也是問題的關鍵所在，一點興致就如同一點痛苦，對心靈的寧靜並無大礙。對此，柏拉圖想必早有先見：

> 只要過量，興致與痛苦則為最毒之惡疾，因為完全沈溺於樂趣的人，一心只急切地追逐玩樂；而陷入痛苦不能自拔的人，一心則只想要避免傷痛。兩者皆視而不見、充耳不聞、感情衝動，故無法理性思考。

症狀 4

抑鬱難解

「偉人之所以偉大，在於能夠認清自身的逆境。」

以下提到的「抑鬱」，是取其通俗之意：心情頹喪、無精打采、意志消沈。每個人一生中多多少少都曾遭遇過這些情況。以較狹義的角度而言，「真正的」病態性抑鬱則是「憂鬱症」，屬於心理疾病，自然必須交由醫師診治；然而，口語中也經常形容某人「鬱卒」，這多半指當事人傷心難過，但是傷心難過並非抑鬱的唯一特徵。

> 喜悅是一種促進並增強身體活力的感受；反之，悲傷則是一種削弱並阻礙身體活力的感受。
>
> ——斯賓諾莎

斯賓諾莎一生命運多舛，因其哲學觀與猶太教徒格格不入，早年便遭教會驅逐，終生不得復返，想當然是有些懷憂喪志。

「抑鬱」經常是對外在事件的第一個情緒反應。斯賓諾莎一言透露出鬱鬱寡歡的親身經歷，亦即因內心悲傷而導致四肢疲軟無力的典型症狀。「抑鬱」一詞也暗喻「沈重」又「萎靡不振」的心情，這正是證明心靈與肉體兩者關係密不可分的例子。

斯賓諾莎強調心神與體魄之間的相關性，認為喜悅之心能使體力充沛，傷心之情反而使體力衰退。有趣的是，上述道理在情緒低落時也可能產生因果顛倒的功效：事實顯示，適度且定期的身體活動，例如些許運動和走動，絕對有利於心靈的健康。相形之下，運動員確實較少陷入情緒崩潰的處境。

別忘記哲學思想也需要我們身體力行。你若是領悟出肢體活動能夠增進心靈的活力，極可能就會鞭策自己多多騎自行車或按時游泳以鍛鍊體魄。羅馬諷刺作家尤維納（Juvenal）主張「健康的心智在健康的軀體中」棲身，或許確為高明之見。

偉人之所以偉大，在於能夠認清自身的逆境，草木並無法意識到自身的逆境。若能自覺到本身不幸的境況，才有所謂不幸之稱；但是，若能認清自己的不幸，則堪稱偉大。

——巴斯卡

只要本身擁有自覺意識，許多痛苦不堪的境遇和生活中的不順遂經常能夠化險為夷。巴斯卡指出，人類之所以不凡，在於能夠認識自身的不幸。這種見解乍看之下似乎只是一種疲軟無力的安慰，當你發覺自己頹喪抑鬱時，又有什麼用呢？這當中還有什麼不凡之處呢？

理由很明顯：只有人類具有思考自我和認清自我狀況的能力，也就是內省。唯有自覺到本身不對勁，才能著手尋找肇因和理由，必要時並改善處境；也唯有確實意識到自身的逆境，才能以哲學之道思考，並且運用哲理因應問題。

佛家視「內觀」為克服痛苦的良方，所謂內觀，就是如實觀察自己身心的實相。若是感到悲傷或抑鬱，就應該靜下心來了解並觀察狀況。你會自覺到「我確實很傷心」或「我覺得自己正是鬱悶十足」，別試圖躲避問題或急於解決，而是保持頭腦清醒地面對實際狀況。別打開電視，也別借酒澆愁，勿使自己分神。

若是經常進行這樣的練習，就會發覺巴斯卡所謂「若能認清自己的不幸，則堪稱偉大」似乎經過三思，不無道理。

位於巔峰的人最苦於生存，卻也最堅毅不撓。

——尼采

尼采用異於巴斯卡的方式安慰我們：那些「位於巔峰的人」更是必須經常忍受悲傷和受挫的心情。然而，誰是「位於巔峰的人」呢？當然絕非山居之人，而是特別敏銳善感、才智雙全的人。的確，瀏覽史冊便不難發現，偉大藝術家、哲學家和天才的一生常常是窮困潦倒、飽受情緒起伏之苦。

若是愈敏感聰慧，就愈能辨識世間問題。對敏銳之人相當「不利」的便是其強烈的感受力、眾人皆醉我獨醒和先天下之憂而憂的意識，但這同時也是他們得利之處！正如尼采所觀察，這些人具有較常人更不屈不撓的精神，因而遇事能知變通，解決問題富於創見。

症狀5 自私自利

「不自見，故明。」

在利己之心使某些人受損、某些人得利的情況下，要論述這個主題著實困難。因此，對於利己行為，不論是譴責還是推崇，都一樣沒什麼意義。簡言之，總是怯於說出「其實我蠻喜歡我自己」的人，必須多為自己著想；反之，那些唯我獨尊、習於不擇手段以達目的之人，稍稍收斂自私心態絕對有益無害。自私心態經常一手摧毀社會人際關係，導致孤立無援，因而有礙健康。

不過，為了勾畫出更清晰的概念，首先讓我們看看哲學家對於自私的看法。

> 一般人認為自私是人的秉性，而且隨著小兒呱呱落地與生俱來，這其實不過是膚淺之見，大錯特錯。
>
> ——費希特

費希特相信人有美善之面，主張自私並非天性，反而可能是經由後天學習、受社會條件影響繼而發展出的性格。在日常生活中確實可以觀察到有些人抱持捨己為人的精神，不惜冒險犯難，只為救濟他人，創造更美好的世界；同樣地，我們周遭也充滿了自私到無以復加的人。那麼，自私究竟是出於天性還是後天的教養使然？或者根本就屬於人類的基本個性，只不過有些人巧妙地遮掩罷了？

> 從一個人開始以「我」自稱的那一天起，只要情況一允許，他心愛的自我便顯露無遺，自私心態也就此蔓延開來，無可終止。
>
> ——康德

和費希特相反的是，康德認為自私屬於人類成長的過程，根本無從阻擋。兒童在脫離搖籃期之後、上幼稚園之前，就已經開始感覺到生為人類的特殊，學會以「我」造句說話，分辨我和「你」的區別，問題當然也就此產生。畢竟，這涉及「單獨的我」與「其他多數的我」互相抗衡，為的是劃清界線並捍衛自己。

> 我有任人剽竊、剝削的傾向。但是，當我發覺所有人都想矇騙我時，我便陷入了自私。
>
> ——尼采

利己行為絕對具有保護作用。對於剝削、詐欺、誆騙、利用等行為，不起而反抗的人容易成為騙子痛宰的肥羊。可惜，弱肉強食的時代在當今世界仍未結束，強者之所以強，經常是因為只圖個人私利。縱使此話聽來非常殘忍可惡，卻仍然值得一提，唯有從各種角度觀察利己主義的行徑，才能理智地推斷出結論。當然，事情實際上也沒有那麼糟，不可否認的是，世上確實也有許多好心人士，並非每個人都企圖佔我們便宜。

還有一點：假設你是個不會拒絕別人的君子，無法清楚表明自己容許的限度——這種事絕對經常發生——那麼，你將會覺得自己總是為別人而活，從來不曾堅持自己的意願；對此，許多樂意犧牲奉獻的人士，諸如護士、慈愛的母親、靦腆的職員等，必然體驗良深。必須注意的是，這種因內心壓抑而難以抒發的感受，也可能逐漸醞釀成潛伏的暴力傾向，不是攻擊自己就是攻擊他人。過多無私的付出不會帶來好處，因為自私本是人類的基本動機之一，不容磨滅。

> 不論在宗教界、哲學界還是政治界，當人們壓抑人性的自私時，也會完全陷入一派胡言和瘋狂的深淵，這是因為人類所有的本能、追求與行為的背後為的都是滿足私欲。
>
> ——費爾巴哈

自私的面貌有許多種，但是在我們的文化中，「自私」一詞大多帶有負面意義。因此，又豈會有人在大街上毫無避諱地坦承自己非常自私自利！

不過，費爾巴哈所言一語中的，利己主義宛如發動機驅動了人類所有的本能、行為、追求與目標。事實便是：你無法不存私心。吃早餐是為了消除飢餓，上班可能是因為薪水可以讓你過更舒服的日子；你並不是為了老闆或公司賣命，實實在在是為了自己。當你送自己一隻錶、到湖畔度週末、晚上疲累便倒頭大睡、追求伴侶、甚至學習語言以便下次旅行時更容易派上用場——這些在在使利己之心無所遁形。

利己是一種原始本能，是一種出於人類自衛本能、維護人種繁衍的直覺，目的是激發你為自己的利益著想。就算你有些受虐傾向，被折磨也甘之如飴，這依舊表現出你的私心，因為你樂在其中。

自私自利會說所有的語言，扮演所有的角色，甚至是喪失自我的角色。

——拉羅什富科

一般人相信，服務社會大眾的人，如醫生、護士、傳教士、善心人士等，皆懷抱著濟世救人的精神；反之，經理、老闆、大型企業人士、政治人物甚至獨裁者，在眾人心目中總是與牟利營私畫上等號。這種想法其實是以偏概全，因而歸納出錯誤的結果，其中一個謬誤即是：屬於第一類者捨己為人，屬於第二類者則純粹是自私自利的代言人。如同前文所提，犧牲奉獻之舉使自我奉獻者獲得歡欣與滿足的慰藉，這仍然是利己主義下的一種行為。

利己行為本身並不卑劣，然而，倘若遭心術不正者濫用，後果才是卑鄙不堪。

> 人們往往在不太留神的小細節中流露真性。在細微的舉止動作和單純的風度儀態中，經常很容易就能觀察到枉顧他人、毫無節制可言的利己行為；然而，若從大處觀察，則雖隱約可見，卻已加以粉飾。
>
> ——叔本華

只有當利己主義使得性格上的弱點轉而增強時，才會有損「身心的和諧」。重要的是，切記利己主義原本就存在，而且性屬中立，沒有好壞之分；反之，利己主義下的產物則是善惡分明。

自助式餐檯一開放，爭先恐後的情形就證明了饕客心中的渴望迫使他們謀取自己的利益；就在利己之心變成冷酷無情時，利己主義就變質了。為了搶先拿到鮭魚夾心麵包，便將其他用餐者擠到一旁，這已是非常醜陋的行為；然而，剝削他人因而讓自己能坐擁一幢幢花園洋房、豪宅和度假別墅，則更是自私自利、毫無良心可言。

不必談及政治或社會問題，光是提到我們自身就綽綽有餘：若是不檢視自己的利益，則生活的樂趣、愛與付出的能力、心靈的滿足和身心的健康都將得不償失。因此，對於自己的行為、努力與目標，必須捫心自問是否會使他人受害受苦，聰明人也會自問此舉是否損人又害己。以下摘錄之言亦值得深思：

幫助他人怎麼會比幫助自己更有價值呢？唯有在幫助他人的絕對價值大於幫助自己的時候。如果別人的價值少於自己，那麼在自助之時，人們將會損及他人利益、理直氣壯地行事。

——尼采

實質上，重點並非抵抗或收斂利己之心，而是應該抉擇正確且行事正當。唯一的辦法就是不斷地省思人生，傾聽內心深處的聲音。

伺候別人不如伺候自己來得有價值，尤其伺候一些愚昧之人更是不值得。忠誠的軍人誓死效忠大權獨攬的總司令，不顧個人生命危險而奮勇作戰，為的是消滅其他民族。這樣的行為並非特別自私，反而是因盲目的合群與跟從所致，自然也不值得嘉獎。

利己主義來得遲且仍然稀有。相形之下，人云亦云、隨聲附和的心態則威力強大且年代久遠。

——尼采

跟一味盲從的群眾心態相反，利己主義有時帶給人們解脫與自在，相較之下並不危險，反倒是群眾之間盲目跟從、受人擺布所導致的可怕後果已早有所聞。整個民族若是心甘情願地為全體社會和錯誤的崇高目標犧牲奉獻，所造成的傷害將遠超過一個人因自私自利而引起的損失。

分量健康的利己心態猶如救星，可防止我們做出事後陷入痛苦之事。況且，若是既明智又好心的人做出利己之事，則是美事一樁，因為這樣的人志在努力從事善舉，實為有用之材。

至此為止，若有人認為利己主義——尤其是自私自利、以自我為中心、一己之私的形式——整體上得到過多的正面評價，以下還有一段取自老子《道德經》的句子可供思考：

不自見，故明；不自是，故彰；不自伐，故有功；不自矜，故長。

達到人類成長過程中的較高階段時，放棄私利可臻至心平氣和且自由的境界，並且從愚人蛻變成智者。但是謹慎而行！若是不曾學習在社會上立足，在人心險惡中勇往直前，甚至對自己的人生與目標根本不清不楚，想要無私忘我則是言之過早，因為這需要內心非凡的力量和相當高度的成熟。智者能捨自我，並非出於恐懼、靦腆或缺乏對情勢的了解，反而是因認知到本身已達某一程度的高點，對他而言，世上再也沒有可求的外在目標。豐富的閱歷、無度的縱情、世間誘惑的享受、無數的犯錯與獲勝、損失與贏得，讓他最終收回「自我」，淡出追求功名利祿、璀璨光鮮的世界，變得泰然自若。由於以前少許的自私心，促使他臻至人生的高點；而身處高點最重要的是捨去自我，放棄追求膚淺的目標，最終得以獲得身心的解脫。

不過，必須弄清楚的是：智者所為不外是追隨智慧，因為他知道自己可以藉此獲得心神與性靈的陶冶；也因此——不用說讀者也猜得到——即使是智者，也不乏利己之心。

症狀6

野心勃勃

「出自妄想的需求則沒有終點可言。」

整體而言，野心不一定屬於陋習，具有雄心壯志的人甚至經常享有極高的社會地位與聲望，因為他們畢竟多半是事業成功之人。他們的成就究竟如何非凡，功過難定，在此亦不予分析評論；不過，可以確定的是，野心與追求功名利祿脫離不了關係，對於心靈的平和與心神的安寧幾乎毫無助力。

愛情，可愛的愚蠢；野心，嚴重的愚蠢。

——尚福爾

尚福爾將野心和愚蠢等量齊觀，連愛情也是；然而，他用可愛描述愛情，卻完全視野心為嚴重的錯誤。假若你是具有雄心大志的人，想必對此嗤之以鼻；況且，適度的野心也是必要的，難道尚福爾能在完全沒有野心的情況下完成《座右銘與思想》這部作品嗎？

欲找出尚福爾將野心冠上愚蠢之名的原因，必須考慮到他並不關心什麼是社會肯定的價值，而是僅止於探討涉及個人利益或損失的事。如果野心可以列入你自己的人格特點之一，或許你該提出疑問：你的野心是否純粹只是為了自己，還是為了贏得外界的承認與肯定。換言之，你很想實現某一特殊目標，是為了讓自己活得更快樂？還是期望以功成名就為跳板，進而使自己受到別人肯定、歡迎與讚賞？

天性驅使的需求有其極限，出自妄想的需求則沒有終點可言，因為妄想本身沒有目標。

——塞內卡

俗語有所謂「野心腐蝕人性」。雖然偶爾一點點的野心不致有危害之虞——即使是這個推論也值得我們質疑——然而眾所皆知的是，野心過盛絕對談不上健康。因此，我們應該好好檢討自己的企圖心與目標，並且自問本身的努力追求是否為了滿足天性所需，以達成自我實現的理想；還是誠如塞內卡所言，我們期許的心願不過是出於妄想的一手推波助瀾，過度旺盛的野心經常透過非分之想造成。原則上，創造成就非凡的功名事業當然不是荒謬之舉；除此之外，具強烈企圖心的人經常必須付出龐大的心血與代價。

若是亟欲打破四百公尺賽跑的世界記錄，除了跑步優越的條件之外，還必須擁有強烈的企圖心，才能和其他競爭對手一較高下。事實上，「野心」不討喜的其中一面便是隨之而來的競爭心。當事情涉及戰勝對手時，野心絕對可能釀成人際之間的問題，最嚴重時甚至讓人陷入孤立無援之境。

儘管野心較貪婪顯得更高雅，其黑暗面在人群社會中卻不亞於貪婪。然而，伴隨野心而來的卻也是龐大無比的膽量，因為野心並不屬於心智怠惰貧乏之人，而是屬於心智堅強剛毅之人；而群眾如雷的掌聲與喝采更鼓動、壯闊了野心，一發不可遏抑。

——普魯塔克

普魯塔克之見妙趣橫生。他指出，相較於懶散而軟弱者，堅強而精力旺盛者更容易受制於野心。之前我們也曾經提過，企圖心強的人通常具有遠大的志向，而個性堅強的人渾身充滿毅力與實踐的衝勁，一心想要將許多目標付諸實現。使野心日漸澎湃洶湧、進而轉為幾乎無可救藥的一個因素，便是「群眾如雷的掌聲」和當事人獲得的褒獎。不妨回憶一下那些轟動的盛況：頂尖的運動員或著名的藝人受到群眾熱情迎接與尊崇的浩大場面。這也難怪有時伴隨野心而來的是狂妄。

千萬別因此誤解，就算某些因素可構成事物的上下關聯，仍不表示這些因素一定會同時產生。這也就是說，你可以是個野心勃勃的人，卻不見得是個自我膨脹的狂人；反之，你也許自視過高，卻沒有一點雄心抱負；尤其可能的是，你具有高遠大志，卻不會因此被野心吞噬。

假如野心導致緊張壓力、危及人際關係、促使心肌梗塞發生，或以其他方式破壞你的健康，那才算是到了真正危險的程度。若是冥頑不靈地對目標窮追不捨，耗盡人生一大半時間，使得許多事情因而停滯不前，這就大有問題了。在這種情形下，你可以進行以下思考：是否也有某些途徑能夠引導你邁向成功，不需野心的助力或只需一點點「健康無害的野心」？

人類受到狂熱之情的暴虐，野心卻鎮壓人們內心的其他狂熱，暫時賦予人們一切崇高美德的假象。

——拉布呂耶爾

拉布呂耶爾認為，野心喜歡用美德做為避人耳目的掩護。一個人是否樂於工作、是否純粹只是勤奮又全神貫注的工作者，或是受到野心的驅使才如此，從外表上確實難以看出。乍看之下，胸懷凌雲壯志開創前景之人完全不受其他狂熱情感所累，而且專心致志。不過，野心當然也無法防止愚蠢的行徑，企圖心強且受痼癖、恐懼、暴力性情或欲求折磨的人比比皆是。

問題是，要怎麼做才能克服病態的野心呢？下列幾個思索方向或許能夠提供一些幫助：

有可能在不受野心的驅使下實現自己的目標嗎？對自己的工作滿腔熱忱並全心投入的人，如醫生、畫家、物理學家或母親等，就一定懷有野心嗎？或是與野心完全無關？假若不僅能檢視自己的目標，還能慎加注意實現目標的手段，是否較容易使心情保持輕鬆、愉快與泰然？儘管如此，依然能夠一路平步青雲嗎？

具有野心之人不妨再想像一下這些有趣的相關問題：野心提供給我的保護是什麼？好處在哪裡？我能獲得什麼？我的野心有無意義可言？不無可能的是，野心確實有存在的必要；如此一來，你可能握有充分而正當的理由，便不必過早放棄自己的雄心壯志了。

症狀7

爭風吃醋

「一種嫉妒。」

吃醋與嫉妒彷彿帶有血緣關係，性嗜嫉妒者絕大多數也好爭風吃醋，這兩種心態皆與恐懼有關。害怕失去某個人，並且覺得別人較自己更具魅力，即是吃醋——這是猜疑與自卑的混合。嫉妒則是害怕自己比別人少而吃虧，認為別人總是贏過自己。

> 吃醋是一種嫉妒，嫉妒則是既小又緩緩爬行的惡習，其最大的滿足莫過於遭妒之事物被摧毀殆盡。
>
> ——雷辛

雷辛提醒我們注意吃醋與嫉妒之間的關係，聲稱兩者心態皆如「既小又緩緩爬行的惡習」，巴望著「遭妒之事物被摧毀殆盡」，所以具有相當的破壞性，對別人的幸福難以樂觀其成，一心想要搗亂。順便一提的是，由於爭風吃醋與嫉妒根本無法讓人心平氣和、培養具正面價值的自信，所以反而會同時摧毀自身的幸福。

對於那些會招惹痛苦與困惑、並如毒素般在心靈與肉體中擴散滲透的情緒，睿智之人必會設法避免。及早在自己身上發現嫉妒的傾向，仔細思考並檢視這類內心感受的意義與後果，則不失為明智之舉。

> 嫉妒透露出人們內心的極不快活，而終日在意別人做什麼、不做什麼則是窮極無聊的表現。
>
> ——叔本華

叔本華對嫉妒的看法也可以直接套用在吃醋的情況。若是曾經發過醋勁或心生嫉妒，必然知道當時的自己鬱悶至無以復加的地步，腦海中揮之不去的是別人的豐收和所得，反而讓你忽略了自己。於是，誠如叔本華所言，你的注意力便完全集中在「別人做什麼、不做什麼」上面了。想要使自己變得心情愉快、閒適自若，應多加用心自己的事，以及如何增進自身的力量與能力，而不是將自己的精力浪費在別人的生活模式上。

> 貧窮而欲致富者，總是不斷談論金錢的浮濫與富人的惡習，由此反而更加顯現出內心的氣憤，並流露出不僅對自身貧窮、甚至對他人富裕的忿忿不平。
>
> ——斯賓諾莎

嫉妒的人總是心情不爽快，他們氣別人能力較佳、外貌吃香，或者如同斯賓諾莎所舉之例，氣別人家產較為富裕。他們並非只對本身之不足或貧窮感到氣憤，甚至還對別人處於順境大怒不已。嫉妒或吃醋這類情緒感受若是為時甚久，會使我們強烈不滿和不快樂，我們自然不可輕忽。

萬一發現自己存有嫉妒之心，不妨突破舊有的行為模式。首先，應該認清嫉妒為負面思想的一種形式。欲深入認識你的內心反應，應從觀察開始做起：有哪些情況、哪些人引發你的醋勁或嫉妒？嫉妒或吃醋是否為自卑的化身？若是嫉妒他人，對自己的看法也將每下愈況；換句話說，如果別人實現了諸多抱負，你將會詮釋為自己缺乏建樹或無法與之匹敵。

哪些想法會產生如嫉妒這般的情緒呢？只要認清其中的連帶關係，一切就簡單多了。譬如從培養愉悅之心著手，這當然意謂著自今天起應多關照自己的心情，少在意「別人做什麼、不做什麼」，如此就已經跨出通往自主、美滿人生的最重要一步。另外，諒解和同理心也是瓦解嫉妒心的策略。

與其說吃醋是因為愛，不如說是自戀。

——拉羅什富科

「吃醋」一詞經常與「嫉妒」的意義互通，比方說，對於較自己成功的人——或者至少對方車庫中停放著一輛很炫的轎車——感到很不是滋味，這也是吃醋；不過，狹義而言，吃醋最主要涉及伴侶關係的負面心緒。接下來將引述一些拉羅什富科的格言，因為他對「吃醋」確實深具見解。

首先，這位法國哲學家聲稱吃醋的心態與愛情無關。很多人不會苟同，難道心底的醋意不能顯示出對方在我們心目中的重要性嗎？如果注意到自己的伴侶在整晚的聚會中和別人打情罵俏，我們仍心滿意足地微笑以對，這難道不是過度不在乎嗎？

> 吃醋的心態在某種程度上是合情合理的，因為它只是要捍衛屬於我們的事物，或者至少保護那些我們以為屬於自己的東西。
>
> ——拉羅什富科

畢竟，拉羅什富科也承認吃醋是人之常情。當我們熱切而深摯地愛著一個人時，只要心上人報以無限的愛，眼裡再也容不下另一個人，則除了變態性的嫉妒之外，有醋可吃的機會幾乎渺茫；然而，當心愛的人不知好歹地對另一方萌生好感或愛意時，和諧的關係便在一剎那間消失無蹤。

若是因渴望保有某物而產生醋勁，問題便出現了：此物真的屬於我們嗎？可以把人佔為己有嗎？我們置身於一個時時刻刻變化萬千的世界裡，真的能對感情這種反覆無常的事深信不疑嗎？更何況，若是涉及別人心底的感情？

問題還不只如此，舉例而言：心生醋意是愛的佐證嗎？或者根本是害怕遭受損失與背棄？

很明顯地，有許多人是酸溜溜的超級醋罈子，有些人卻幾乎一點也不會吃醋。另外，在追逐物欲與金錢的社會中，嫉妒與吃醋的現象多半也無所不在，而某些南太平洋島嶼上的居民則罕有這些性情。假如你受醋意所困，足以安慰的是，這種反映出內心猜疑多於好感的情緒波動不是非得忍受不可；反之，透過個人的信賴與能力，可以擺脫嫉妒的枷鎖，集中注意力在自己身上可以克服嫉妒心。

> 雖然吃醋總是隨著愛情一起誕生，卻不都是隨著愛情一起死亡。
>
> ——拉羅什富科

吃醋並不一定就是愛情的表徵。這也就是說，當雙方的愛情、了解和發自內心的好感早已淪為習慣與例行公事時，這種滋生問題的情緒波動——吃醋——依舊會上演，而且在這種情況下特別明顯。

習慣依賴某人並苛求對方為自己的安全感和生活舒適負責，幾乎談不上是愛情，反倒容易因而出現吃醋的情形。拉羅什富科所言不假，吃醋並不都是「隨著愛情一起死亡」；至於是否「隨著愛情一起誕生」，當然必須視愛情對我們的意義而定了。

譬如，你決定接納對方所有的優缺點，由衷付出你的愛情，則兩人之間的體諒、信任與熱情將佔有主導地位。當第三者突然介入讓其中一方感受到威脅時，若依舊想要保持上述的關係，則需要深具自覺的抉擇與堅強的內心。絕對可能發生的是，對方必須獨自一人繼續發展人生，而我們為了他的前途著想也只好退讓一步；不過，沒有必要將彼此的連繫斷得一乾二淨，也沒有理由因爭風吃醋、驚慌失措而讓自己的感情逐漸麻木。

認為施比受更有福的人至少可以試著付出無私無我的愛，全心全意支持所愛之人。雖然內心在這種情況下會經常在「自我」的邊緣掙扎，但是自己的付出也將愈不受對方「做什麼、不做什麼」的影響。歌德便曾如此抒發：「如果我愛你，又與你何干呢？」

症狀 8

孤獨難耐

「只有在獨處之際，才能做真實的自己。」

人類不愛孤獨。基本上，每個人都渴望同伴，甚至自認獨來獨往的人也不例外。和「你」的溝通連繫對於人類自呱呱落地開始的發展功不可沒，即使是短而簡單的對談，仍然具有交流與傳遞消息的作用。

對社交生活的渴望隸屬於人類的本能。人類生來便註定要在團體中生活，一個人應該在團體中生活；若是離群索居，便不是完整的人，而且與本性自相矛盾。

——費希特

費希特說得沒錯，團體生活是人類的重要根基，亦即本能；唯有和其他人共同生活，才能成為「完整的人」。人們害怕孤獨是非常自然的，孤獨對身心的健康與安適也會產生不良影響，孤單的人因而較容易生病。

若是形單影隻一個人，該如何是好呢？首先，應設法與外界連繫，使自己不落單；加入當地社團，譬如鳥類保護團體等，有時確實不失為解決之道。尤其孤單若是演變成長期狀態，最好是化被動為主動，尋找一些較自家附近更有機會結識朋友的地點。

前面提到的鳥類保護團體或許不是人人皆感興趣之事，然而除此之外，想要結交朋友、認識其他人在現今社會中的方法與管道可是多到前所未有，當下林林種種的機構與設施能讓你很快擺脫孤立的生活。不過，你至少必須下定決心拿起電話，要求各主辦單位函寄諸如有關社區大學、體育協會、旅行團、政黨、單身聯誼會、健康講座、語言班、社區活動的資料或簡介給你。

然而，以攻為守、積極主動並不都是克服孤獨的最佳方法，重新斟酌孤獨的意義，改變現有觀點，並質疑一般將孤單、不適、恐懼三者之間套在一起的聯想，也是可行之道；畢竟，破壞心神安寧的並非「孤獨的本質」，而是孤獨所引發的恐懼。那麼，如果與其逃避孤獨、不如情願獨處呢？

選擇好的孤獨，亦即無拘無束、蓄意、輕鬆愉快的孤獨，才有保持品德善良的權利！

——尼采

其實，害怕孤獨不外是對「不良且不自由的孤獨」心生畏懼，畢竟世上總是不斷有一些人自願在修道院中隱居一段時間，他們既非神職人員，亦非為了懺悔贖罪，而是一般的凡夫俗子。頓時感到稍微不問世事、享有一點清靜對自己有益無害。

你也曾這樣做過嗎？雖然沒有必要立刻前往喜馬拉雅山上隱居數月，但偶爾自願單獨一人到森林中漫步、到郊外踏青或短期旅行，應該也助益匪淺。若是能在不強迫自己的情況下對獨處甘之如飴，則表示跨出了相當重要的一步，也就能夠進而探索隱藏在獨處中的奧秘。

> 只有在獨處之際，才能做真實的自己。因此，不愛孤獨的人就不愛自由，因為只有獨處時才是自由之身。
>
> ——叔本華

只有獨處時才能省下一些愚蠢無聊的演技，不必裝出自己特別優秀的樣子，因為沒有人在身邊寄予期望；也不必適時露出一副傻笑，更不需勉為其難地低聲下氣，忘了噴上芳香除味劑或是未加思索地穿上方格紋T恤搭配條紋褲，也不會下場悽慘。在某些不可或缺的社會規範之內，獨居者或獨自旅行者可以縱情享受許多自由，有家累或牽絆的人只能望梅止渴。

尼采也指出：

孤獨時若是能不自怨自艾，仍舊是一種幸福；但是，極大多數的人有家累牽絆，在人際往來之間必須忍受加倍的不幸。

展現在我們面前的是一個有趣的觀點：不快樂的人是不幸福的。坦白說，這句話截至目前為止並非什麼特殊高見，但是更深入探討就會發現：不論是擁有自己的人生伴侶、家庭還是九族宗親，或是過著獨居退隱的生活，也不論是住在西班牙的馬尤卡島（Mallorca）還是住在德國的上普法爾茲地區（Oberpfalz，我對上普法爾茲並無敵意），不快樂的人——尼采可能會稱之為「不幸的人」——不論怎麼樣都不會幸福。換句話說，與其說不快樂是命運的捉弄，不如說是個性使然。

很顯然地，孤獨對某些人而言完全是一種享受。能夠忍受自己是一種深具解救性的特點，可以避免一些麻煩與不愉快，所幸這種自我滿足的能力可經由後天學習而培養。

孤獨的本質也和群居同樣令人惋惜。老普林尼（Pliny the elder）在〈給普瑞生斯〉中如此推薦：「何不在人群中閒蕩磨蹭，如此，孤獨將再次深得你心。」的確，社交團聚也可能變成一件令人極為頭痛的事，誰不熟悉那些讓人精神崩潰、氣氛沈悶且定期舉行、毫無例外的家庭聚會？家族成員經常只能藉著小酒助興才能熬過。另外，還有在生日或校外遠足時心靈受創的兒時記憶，至今依舊讓許多人不寒而慄。

儘管如此，絕大多數人仍然不喜歡獨處。和「孤獨」處不來的問題其實就在於我們不習慣，而且經常在毫無心理準備下就面臨孤單與寂寞；對此，酷愛獨處的叔本華認為：

> 對孤獨的喜愛不是天性所驅，而是透過經驗與深思才能產生。

追溯至先前費希特所言，人類是群居動物，具有明顯傾向團體生活的性情，與其完全沒有同伴左右，通常寧可選擇與不良圈子為伍。儘管因為挑選了壞同伴而搞砸了夜晚的聚會，或是整體而言導致自己情緒不滿，但是害怕孤單的心理卻更為強烈，這種恐懼的原因之一通常是因為缺少良性的獨處經驗。

自童年時代起，我們便習慣處於同伴之間，一開始便認為團體的存在理所當然且稀鬆平常，孤獨的渴望因而幾乎不曾自行產生。儘管如此，你仍然可以學著累積具正面性與建設性的獨處經驗，那麼當你下次選擇孤單的時候，必然是出自渴望。

當然，只有在面臨許多其他的選擇時，選擇孤單才有意義可言，因為倘若正巧沒有任何邀約應酬，就一點也談不上是蓄意選擇孤獨；不過，電話答錄機若是塞滿了一堆類似看電影、參加派對、郊遊的邀約留言，就有選擇獨自一人清靜的餘地了。

這下，你就只要拿起電話，委婉地說明自己已經另有安排，並將邀約逐一延期。最好別加油添醋地透露「與自己有約」，否則鐵定會有一些朋友感到驚奇。

萬一你接著就自問，既然眼前有若干選擇可以排遣寂寞，為何偏偏要獨自一人消磨整個晚上，以下便是「選擇孤獨」的幾項可能結果：

1 洞察到自己較想像中更具有獨立規劃人生的能力，如此一來，短期之內便得以掙脫那些使選擇機會大大受限的下意識行為。

2 害怕自處之人即使為了轉移注意力而將所有的邀約照單全收，卻還是無法擺脫害怕的心理。最重要的是，如果能在當下決定不赴約，獨自清靜一下將會讓你感到無比的解脫與舒暢。

3 若是學會偶爾從社交應酬中抽身而出，不久便會自覺到自己並不如想像中一般錯失許多經歷。「嘿，昨天我先走之後還有什麼好玩的嗎？」這個問題的答案可能會使你獲得印證。

倘若無論如何還是不願獨自度過整個晚上，你仍然可以在參加某個小宴會時給自己來一次開溜的體驗。首先，不動聲色地告別其他賓客，然後撥給自己十五分鐘漫遊一番，呼吸一些新鮮空氣，仰望入夜的天空。能在這一片刻「脫隊」而且逃離身為團體一份子的義務，可別忘了好好享受箇中滋味。

極少數人懂得孤獨之中蘊藏無限世界。

——洪堡

如果一生中不斷地設法逃脫孤獨的時刻，也就難怪無法欣賞其中的價值了。孤獨並非懲罰，而是一種無價之寶，只有膽敢並樂於嘗試孤獨的人才能心領神會。一旦想要親自體驗孤獨，理當注意到不讓自己無聊發悶，則獨處的時刻將成為愉快且難忘的經歷。

另外，如果統計數字沒有撒謊，則單身貴族的趨勢有增無減，原因可能是相當多的人認為，擁有穩定的感情歸屬不見得是人生最美的事。多年感情所累積的經驗，使得有些人在倦怠之餘逐漸嚮往獨立自由的生活，並且勇敢地從舒適安全卻也愈來愈擁擠的兩人世界中破繭而出，不願再回到「風雨同舟」的伴侶關係。不過，獨自乘舟偶爾還是會碰到突如其來的驚濤駭浪，單身的意願因而受挫是理所當然的。

在與伴侶分離之前，通常會或多或少遭受自覺意識的衝擊，也就是體認到唯有不逃避孤獨，進而能夠恣意享受孤獨，才能掌握幸福與快樂。

當我孤獨一人時，我最不感到孤獨。

——西塞羅

西塞羅弔詭的措辭中，所要表達的想法究竟為何？或許只是：「孤獨」與「感到孤獨」完全是兩回事。負面的孤獨可謂負面的感受，至於實際上在場的人數則是次要。孤孤單單地置身於人群中，可能會使你的內心感到五味雜陳，這或許是因為身邊圍繞的行人和你完全沒有共識，也或許是因為你對孤單的體驗正感興趣。此外，不妨獨自上山或是坐在海邊，除了驚嘆蒼穹之外，也可以體會與天地、宇宙合而為一的感受——盡情地浸淫在孤獨的世界中，你卻不會寂寞。

症狀9 怠惰散漫

「對眼前工作的畏怯。」

許多性格弱點或多或少會導致內心失去平穩沈靜，破壞人生樂趣，並使心智發展受阻，也因而對健康根本毫無助益；總結來說，斷絕這些弱點確有必要。不過，惰性也算其中之一嗎？惰性並非什麼傷天害理之事啊！與其和急性子、火氣大或善嫉妒的人交朋友，誰不寧願選擇一個懶骨頭呢？畢竟刻苦耐勞、狂熱工作可不是每個人都感興趣的事。

在我們所有的弊病中，最能被人接受的是懶惰。

——拉羅什富科

若是至少考慮到一般人對於惰性的評價，道德學家拉羅什富科也同意懶惰是較不敗德的劣根性。惰性總是有一項優點，也就是不會傷害別人，正是所謂「懶而不惡」。

在我們不加思索便要大舉撻伐怠惰之前，應該先懷疑的是：在強調工作績效的社會中，懶惰可能是一種美德而非惡習嗎？當日常生活的步調匆促到令人暈眩的程度時，行事曆上接連數月幾乎沒有一處空白，填滿了一堆無法推遲的交際應酬，試問懶惰真的較糟嗎？

你是懶人嗎？與其工作，寧可躺在沙發上墊著腳，一手抓著一袋洋芋片，另一隻手握著電視遙控器？如果不是這樣，你怎麼發現自己很懶？你真的感覺到自己懶散，還是因為別人說你懶就信以為真？假設你的確是個懶人，難道你的懶散不曾使你免於不必要的應酬嗎？是否可能在你的潛意識中正進行著一種自然程序，使你透過明智而下意識的認知，避免自己去做毫無興致的事情？

痛恨敵人而不忘復仇，是出於軟弱；平息怒氣而不計前仇，是出於懶散。

——拉布呂耶爾

懶惰之用，在此例中一覽無遺，況且還源於同樣是道德學家的拉布呂耶爾。和法國同好拉羅什富科一樣，拉布呂耶爾費心制訂出不計其數的規範，告訴世人如何為人處世，或是如何在一定的規則內行事。

誠然，有時人們的確太散漫，以致即使對住房清潔員未清垃圾桶——幾乎空無一物——有所不滿，也懶得向旅館接待處抱怨一聲；這樣一來，房客的「懶」至少可能使清潔員少挨一頓罵。更何況，情緒激動對自己一點好處也沒有，對日常生活中的芝麻小事過分斤斤計較，甚至還會嚴重擣亂心神的安寧。慵懶安逸的性情經常具有化干戈為玉帛的作用，如果垃圾桶確實塞滿了，再發牢騷也不遲。

然而，探討哲學應杜絕片面的思想，我們不能不正視惰性的黑暗面：

試問，如果上蒼把我們照顧得更無微不至，替我們將所有東西準備萬全，讓我們根本用不著工作，如此是否較為有利？答案必然是否定的，因為人類渴求工作勞動，即使所從事之務本身帶有某種壓迫性。

——康德

這正是「康德治頭痛」的一項例證。至少，根據康德所言，人並非為了無所事事而生；如果不追隨自己的興趣，進行必要的自我發展，也不去探索自己的極限，從錯誤中獲取教訓，那就永遠不會長進。

終日遊手好閒的人對於自己該何去何從的問題，可能較一般人更傷透腦筋，因此尋找既有意義又使自己樂在其中、並能發揮個人長才的活動，毫無疑義為當務之急。對於幹練通達的性格及其優勢，柏拉圖的見解便與康德不謀而合：

深思熟慮、果敢、明智且健康的生活方式較懦弱、無知、放縱且弊病叢生更為舒適。整體而言也可以說，軀體與心智幹練通達的生活方式較好逸惡勞更為舒適。

缺乏勞動的動機時，「好逸惡勞」便可能成為一種自然反應。如果你的惰性衍生問題，你應該反省一下，是否將過多的精力花費在自己興味索然的事物上，因此做起事來總是無法全力以赴。若是不滿意自己的工作，又感受不到一絲熱忱，或許就必須尋找新的工作領域，才能適得其所、發揮自己的才能。

偉大的思想家若是藐視人類，就是藐視人類的怠惰：出於怠惰的緣故，人類看起來有如完全相同的大眾貨，顯得對任何事情無關痛癢，而且不值得交往與勸導。

——尼采

很清楚的是尼采直言不諱，他若是毫不留情地拉著懶鬼上法庭對簿公堂，也不足為奇。我們不必因此感到困惑，應該客觀地觀察尼采的說法說穿了是指懶人沒有能力成大事；然而，成大事是否真有必要則又是另一回事。懶惰懈怠確實會阻礙理想的實現，尤其會使得必要的工作無法順利完成，於是無形中工作的分量似乎變得較實際上更多。

怠惰是對眼前工作的畏怯。

——西塞羅

工作興致衰減時會滋生惰性。基本上，當必須完成某項任務的想法在腦海中縈繞時，所引發的便是煩悶的情緒。如果認為眼前的工作並非能力所及，這時怠惰便會自動成為擋箭牌，把你從誤以為無法勝任的事情中支開。有趣的是，造成恐懼與怠惰的原因並非工作本身的要求，反而是自己對此要求的看法與評斷。

有些人光是想到去便利商店買幾瓶汽水就懶得手腳發軟，另有一些人雖然一天上班十個小時以上，卻不覺得特別吃力。

惰性多藏於我們的內心，少存於我們的軀體。

——拉羅什富科

究竟有多少內心的力量可供你自由使用，你可能意想不到；若能毅然決然地進行一件事，決心將會驅逐惰性。不論必須完成的工作或輕鬆或困難，如果能夠試著將事情想像得很簡單，在腦海中勾勒出自己心平氣和、專注且衝勁十足的模樣，就可以突破惰性設下的心理障礙了。

記住：對你設下陷阱的是你自己的想法。所謂「身體雖樂意配合，但是意志薄弱」，使意志堅定的唯一方法並不是上健身房，而是改變內心的觀點。依據經驗，要做到這一點，處於意識清醒卻保持輕鬆愉快的狀態下效果最佳，因為光憑毅力和自我克制來改變想法，並不如透過想像力和哲學來得容易。

過分強硬地逼迫自己的意願就範，不僅浪費精力，又可能立即造成內心的膽怯，最後變得懶惰懈怠。溫和的調整並修正內心對於「費力」與「輕易」的看法，才能引導人們從事有意義的事務。有意義的行為和汲汲營營、緊張壓力的生活沒有關聯，而是性格健康的表現；由此觀察角度出發，黑格爾的見解正好可以相輔相成：

> 行為處世最重要的是具有剛毅的性格。性格剛毅者為通曉事理之人，抱有特定的目標理想並堅持不懈。

症狀10

膽怯懦弱

「貪欲生憂，貪欲生畏。」

膽怯的情形和恐懼類似。在某些情況下，膽怯具有非凡的用處，甚至能保全性命。與匹夫之勇相較，適度而健康的膽怯可以保護我們免於各種麻煩，海明威便曾經如此表達：「如果知道什麼叫做愚蠢，就不會怯懦。」

人類無法隨心所欲地飛翔，這是眾所周知的事實；若是缺乏勇氣，不敢從飛機上或僅只五公尺高的橋上往下跳，整體而言，應該對自己的膽小感到滿意。衡量膽怯的利弊得失正是關鍵所在，遺憾的是，能夠經常考慮到這一點並不如想像中容易，因為膽怯總被認為是丟臉的事，反之，勇敢卻備受推崇。

小朋友就已經懂得齊聲高喊「膽小鬼」來戲弄露出弱點的同儕，而且樂此不疲。然而，如果正值叛逆期的青少年（大多是男生）為了考驗膽量，幾杯烈酒下肚後不僅無照駕駛，還在小鎮上高速狂飆，或是搞出其他類似的冒險名堂來胡鬧一番，只是為了逞強稱能，則情形更是糟糕。

勇於敢則殺，勇於不敢則活。此兩者，或利或害。

——老子

以哲學的觀點試問：膽怯能防禦什麼？答案是：恐怖之事。因此，智者懂得明哲保身，不會挑釁情緒正惡劣的重量級拳擊手，不會挑錯時間地點發表招惹是非的言論，不會為了軍事領袖的政治利益而不惜性命，也不會粗心大意地食用櫥櫃裡過期數月的魚罐頭。

膽怯可以是自然而健康的。膽小怕事的性情能夠迴避衝突，免於鑄下大錯，但是當然也有不良的一面：缺乏勇氣便無法培養臨危不亂、堅強剛毅的性格，而這種性格卻也是抵抗精神苦悶與身體病痛的最佳藥方。

唯有秉持勇氣，才能整頓自己的人生。

——沃維納格

苦於膽怯懦弱之人首先應該清楚意識到膽怯也具有保護作用，若是能承認自己目前仍缺少改變人生必備的勇氣，便已跨出重要的一步。第二步則是認清缺乏膽量究竟會造成哪些阻礙。譬如，膽怯使你無法就醫診斷，因而延誤病情；或是因為害怕牙醫，刻意迴避上牙科診治已有數年，牙齒健康堪憂的後果自然可想而知。

唯有鼓起勇氣並認清逃避終究不是辦法，才能克服現實的恐懼。膽怯不是只有庇護作用，也會在諸多方面造成障礙，例如害怕周遭的人動怒而不敢依照自己的方式生活、表達自己的想法，或是不敢嘗試新的事物而墨守成規，因為每一次新行動、遷居、新戀人、新工作、新造型等等都必須具備某種程度的勇氣。突然面臨新的環境轉變雖然令人驚慌，卻也能經常讓人獲得嶄新、振奮且愉快的經驗。

即使是最勇敢的人，也罕有勇氣面對自己知道的事實。

——尼采

從進化論的觀點來看，人類具有調節適應的能力並無害處；然而，若是涉及社會關係的適應力，許多人則往往有讓步妥協的心理準備，致使個人的天賦與才華埋沒一生，無法培育發展。

大多數人都知道自己的潛能有如待琢磨的玉石，不可或缺的卻是膽量，因為徹底改變人生、放棄毫無意義的事務、離開狐群狗黨的決定即使令人不舒服，也可能勢在必行；就此而言，人們還有面對事實的膽怯。能夠堅守自己的看法與認知，而且不僅據此行事，面對他人時也能申明個人立場，並非都是輕而易舉之事。

不過，倘若人生轉折的時機未到或是犧牲的代價過大，則內心的卻步反倒能夠發揮保護之效，免於鑄成大錯。

貪欲生憂，貪欲生畏，解無貪欲，何憂何畏。

——佛陀

有關膽怯的由來，最後還有一個有趣的觀點。依照佛陀的說法，人之所以怯懦，必然是心繫某物，因為戀棧而不願失去。舉例而言，假如不再眷戀自己的工作，就不怕辭職另謀高就，也不怕被解雇而提心吊膽，更不必因害怕得罪同事或上司而當鄉愿。

如果有一些令你喜悅歡樂的事物，你就會出於本能地加以捍衛、擔憂失去。倘若對自己的健康馬馬虎虎，則會「放膽」夜夜豪飲一瓶伏特加，或是與陌生人發生性行為時「膽敢」不戴保險套；若是珍惜自己的健康，就會對類似的行為膽怯不已。

若是非常在意自己在別人心中的分量，就沒有勇氣放棄自己塑造的形象，寧可對他人阿諛奉承，也不願坦承心中的反感，這似乎是一種「負面的執著」；反之，假如你愛惜生命，必然會謹慎善待自己，避免因放蕩輕率惹來殺身之禍，此即「善意的執著」。

症狀 11

心高氣傲

「企者不立，跨者不行。」

若不是諺語所謂「驕兵必敗」，傲慢可能就不至於如此卑劣了。然而，究竟什麼是傲慢？傲慢會導致什麼樣的挫敗？傲慢為何有害？倘若也有益處，又是在哪一方面？

事物愈是複雜，就經常讓我們看得愈透澈。傲慢若不會危害世界的和諧，生活可就輕鬆多了。我們有必要對傲慢加以探討，才能防範於未然，否則驕矜自滿將令我們遭受挫敗，並導致心緒不寧。

人啊！假若你有幾分才能，切勿因而自命不凡；一旦居功自恃，就已落敗。

——西勒修斯

西勒修斯身為哲學家和信仰基督的神秘主義者，儘管深受西方傳統洗禮，印度教思想卻在此一席話中流露無遺。《薄伽梵歌》亦同樣諄諄勸戒追尋智慧與開悟之人不問結果，成功來時淡然處之。

即使功名與成就並不勝於一切，但是在幾乎到處講求功績的社會中，人們自豪於本身的成功是再理所當然也不過的事了。畢竟一般而言，我們本身的睿智、洞察力、穩健與寬容心並不會特別受到褒獎，反倒是當我們對團體或至少對頂頭上司有所貢獻時，將會備受讚許和寵愛，人們心中的價值觀因而顛倒混淆的情形可想而知。

一方面，自豪於成就本是人之常情；另一方面，恃才傲物則敗壞品格。

自豪為一種高尚的熱情，不會對自己的錯誤視而不見，反之則為傲慢。

——利希滕貝格

雖然利希滕貝格區分了自豪與傲慢，然而無庸置疑的是，他其實可以先區別自豪本身。對自己的建樹和功成名就感到驕傲並不都是好事，但是情有可原；反之，以身為芬蘭人、德國人、非洲人或某國公民而自豪的現象雖然普遍，卻很奇怪，畢竟一般人沒有能力影響自己誕生的地點，甚至在出世前也沒有自由挑選的餘地，而是出於偶然生於某個國家。對某一國籍感到驕傲，就好比人類擁有一顆頭顱而感到自豪一樣沒有根據。

自豪本身有諸多不同的面貌，其中有些無傷大雅，但是傲慢卻會對幸福之路產生嚴重的阻撓。問題便在於驕矜自滿的性情使得「自我」過度膨脹，不僅扭曲事實的真貌，也塑造了自我的假象。換句話說，傲慢的人經常傾向於高估自己，抬高自己的身價，這樣其實徒增不必要的壓力與負擔。

以為自己可以放棄整個世界，是一種錯認；錯得更離譜的卻是，以為世界無法放棄自己。

——拉羅什富科

對於過度自負的人而言，些許的美夢幻滅可說是對症下藥。世上確實有許多人自視甚高，某些人甚至一副不可一世的模樣，認為自己不可或缺。然而，世界與自然界並不太在乎我們的存在與消逝，儘管每個人一生只能活一次，也儘管生命的逝去總是留給親人無限的哀傷與惆悵，但老實說，自然界並不特別關切生物是否安康與長壽。

更明確的描述則是：我們的存在並不是絕對必要的。帝王、君主、科學家、藝術家、宗教創始者等等生來又死去，轉動世界的命運之輪，從事或有趣或無聊的事情；然而，聲望與尊榮卻無法永恆，為了彰顯自身而付出的心血與代價往往是不值得的。

君子泰而不驕，小人驕而不泰。

——孔子

即使具有成就、能力與智識，傲慢狂妄依舊不得體，妄自尊大本身便包含了輕蔑他人的心態。如果至少有一些人讓我覺得其貌不揚，我開始感受到自己的美麗，而且只要別人在我眼中微不足道時，我就會開始變得心高氣傲。

傲慢若單單是經由個人錯誤的主觀造成，則不僅是不當的心態，還會在日常生活中增添麻煩，一點也說不上尊榮。

企者不立，跨者不行。自見者不明，自是者不彰，自伐者無功，自矜者不長。

——老子

道家一向給予自尊自貴極低的評價，因此老子向世人告誡驕傲的後果便不足為奇。狂傲之人因為過於剛愎自負，不僅喪失了自我反省和修身的能力，也喪失拿捏分寸的判斷力。這樣的人只汲汲營營於自身的事情，對於周遭的一舉一動完全不明就裡，而且終日活在自己的象牙塔中，少與世人接觸，於是盲目的自信最後讓他淪落為孤立無援。「自見者不明，自是者不彰。」誠然如此，而且道理便在於驕慢不恭既非善良德行，又使人矯揉造作、裝腔作勢，失去原有的純真。這點在驕傲自大者身上非常容易觀察得到。

經過對傲慢的這番嚴厲鞭笞與撻伐之後，我們現在要從另一個觀點來探討：如果傲慢屬於你的性格弱點，最佳的建議仍是學習謙卑自牧。畢竟傲慢是一種過而不當的自信，與其相反的謙恭或許正是使生活和諧的方法。

> 對平庸的才能表示謙虛只是誠實，對卓越的才智表示謙卑則是虛偽。
>
> ——叔本華

根據叔本華的看法，謙虛也不是最明智的做法，他更指出成就輝煌的人過於謙卑甚至有偽善之嫌。接下來的引證更為具體：

> 謙恭與卑躬屈膝何異之有。在妒賢嫉能充斥的世界裡，人們企圖以卑躬屈膝的態度向一無是處者乞求原諒自己的傑出與貢獻。
>
> ——叔本華

對謙虛美德沒有多大好感的人可無法表達得較此一席話更淋漓盡致了。由於培養虛情假意的謙卑心並不能克服心高氣傲的性情，所以「悲觀主義之王」叔本華的這番見解應該值得我們深思。

所幸，實際躬行非常簡單：不高估自己的重要性，對本身的自尊心不僅有自知之明，還能在不過分的尺度內以幽默感培養，並且適可而止，如此才能克服驕矜自滿的性情。擺脫狂傲之氣正是臻至悠然自得的心境、美滿和諧又成功的人生，以及擁有良朋益友、左右逢源的最佳方法；除此之外，認清自身的價值、能力與才華，在成功來時感到歡欣喜悅，也絕不為過。

謙虛與含蓄不一定有關。謙虛是一種懂得適時收斂自己的藝術，而這種能力的最佳拍檔就是健康的自信。

症狀12

度量狹小

「對自己的錯誤卻視而不見。」

度量狹小也在敗德之列嗎？真的算是一種性格弱點嗎？凡事容忍真有意義嗎？或者，包容力是一種深受器度影響的基本態度？另外還有一個問題是：一味地諒解和忍耐有好處嗎？是否在某些情況下，無法容忍反而極為重要，譬如目睹違反正義公理的行為時？

欲找出度量狹小對心靈造成哪些負面影響，當然最好是參考幾位哲學家的見解。

我們看得見別人的過錯，對自己的錯誤卻視而不見。

——塞內卡

只見別人眼中刺、不見自己眼中樑的原因雖然難以解釋，但是對自己的錯誤不但視若無睹、還不忘在別人背後說長論短的情形卻很常見。在這裡，我們要揭發的便是行為沒有風度潛藏的第一個危機：若是將注意力集中在別人的弱點上，可能少有時間反躬自省，畢竟別人的過錯總是讓自己趁機轉移焦點。難道我們應該感到慶幸別人身上竟然有這麼多缺點足以令我們大驚小怪！

就如同承載自己的軀體時，對自己的重量沒有感覺，移動別人時卻反而能感受到重量；人們只注意到別人的錯誤與惡習，反而在自己身上察覺不出。

——叔本華

由於「他人」或「陌生事物」總是較自身周遭或習以為常的狀況更顯眼，所以別人的過錯與惡習便較自己的更難忍受。事實雖然如此，但是缺少包容心所導致的問題卻不勝枚舉。首先不外是一些片面而主觀的看法，使得度量狹小的人無法隨機應變。無法包容和自身好惡相悖的人，譬如全盤否定同性戀者、有色人種、光頭、長髮男子、衣著花花綠綠或以其他方式遭人側目者，並將之列為拒絕往來戶，當然就會錯失一些有趣的邂逅與經歷。然而，嚴重的是，這種多半出自偏見、沒有確鑿認知的否定，會激起內心不悅的感受；如此一來，沒有度量的人和不被寬容的對象皆不痛快。

回顧世界史便足以認清，有多少對邊緣團體的唾棄和排擠最後都演變成仇恨、謀殺、行兇等；哲學家或智者則會設法遠離這些行徑，也就是包容眾生萬物。

內心深處有條有理、充滿和諧的人，不在意別人稀奇古怪的作風。

——肯培斯

誠如肯培斯所見，快樂又悠然自得的人的確罕有器度狹小的問題。

若是心平氣和，而且整體而言對自己的人生感到心滿意足，就幾乎不會有動機去管別人「稀奇古怪」的行為，否定別人、缺乏包容心和持有偏見這些問題多半是感到無聊或是對自己不滿的人才有的。不斷地指摘他人，尤其是在別人身上挑三揀四，對自己的心靈健康也沒有助益；對此，柏拉圖也有一番見解：

若是將所有的錯誤、甚至最常發生或悲慘至極的不幸全部轉嫁給他人，自己非但不反省檢討，還不斷地將責任撇得一乾二淨，以為如此一來自己的靈魂便得以被拯救，這其實是大錯特錯，因為靈魂反被糟蹋。

若決定將心力花費在尋找別人的錯誤上，發現之後大發雷霆，負面的思想當然會盤據在整個腦海中揮之不去，而你也無法和自己還有世界和平共處。

若決定將自己的注意力集中在別人善美而珍貴的優點上，則不僅可以讓生活更美滿，也會贏得許多朋友，他們和你一樣懂得互相體諒。

忍受有失體統的行為時若能平心靜氣，實為睿智之舉。

——德謨克利特

欲培養風度，內心的力量不可或缺，能夠包涵並尊重那些無法令我們立即心生好感的人，畢竟也是一門藝術。若是疼愛自己的子女，接納他們、諒解他們偶爾的胡鬧與荒唐就很容易，困難的反而是包容、忍受那些已令自己忍無可忍的人。不過，正是這一點蘊藏著無限玄機：周遭的人若是在思想、觀念、作風上完全與你背道而馳，有三種因應之道可供選擇。第一種是逃避，雖然沒有贏，卻也沒有太大損失。第二種是採取對峙抗衡的路線，後果可能是必須捍衛自己的想法，無法確實與對方溝通。第三種途徑則是捫心自問：究竟是什麼緣故讓你對另一方如此過敏，以至於無法抱持寬容的心胸？

理所當然，第三種方法給你絕佳的機會重新思考自己的世界觀，並且透過新的認知與經驗加以修正，進而使內心獲得更多的自由與靈活，得以嘗試各種不同的新觀點。

在我們敦促自己隨時保持一顆寬容心之前，也應該先思考一下「無法容忍」是否有益處可言。

對他人吹毛求疵者，正潛心於改善自己。這也就是說，如果有人偏好並慣於悄然觀察他人的一舉一動，以暗自進行一針見血又嚴厲的批判，則這些人正藉此修正自己以達盡善盡美，因為他們具有足夠的公正性甚或自負與虛榮之心，能夠將這些苛責引以為戒，不重蹈他人覆轍。上述若用於寬容大量者，則一切相反。

——叔本華

由於叔本華本身極其孤僻，知心好友不多，所以他的見解若是涉及人際關係，我們應該相對地謹慎研讀；不過，叔本華在此提出了一個有趣的觀點，即批評別人也是改善自我的方法。誠然，優秀的觀察天賦也能增進自知之明，若是仔細觀察他人的過錯與怪誕行徑，並且靜靜思索背後的原因，無庸置疑地，將會因此贏得重要的認知。

然而，必要的是，時而將注意力轉移到自己身上，反省自我並檢討個人的習慣，才能從別人的錯誤中學習。喜歡道人長短、惡意攻訐的情形非常普遍，不幸的是，善於挑剔別人弱點的人卻很少能從中記取教訓；若能明智運用剖析別人錯誤的方法，將會非常有利於自我成長。

對於必須做的事，人的稟性具有忍受的能耐；然而，對於他人不懷好意的企圖，則否。

——盧梭

寬容有其極限，例如為非作歹或過分胡鬧皆是逾越界線，寬容這種行為則是姑息養奸之舉。所以，我們絕不可縱容悖逆公理的行為，反而應該不斷地以自己的感覺和理性衡量是否必須干預。

在某些狀況中，萬一心中既無定奪，對於應該容忍或是抗拒又不知如何是好，則有一個小技巧可供參考。思考一下，你在別人身上觀察到的錯誤或不良行為是否會危及第三者，或以任何方式造成重大損失。舉例來說，若是目睹熟人在幾瓶葡萄酒、若干烈酒下肚之後還想駕車，這時容忍必然是錯誤的抉擇。對於寬容不當造成的後果，荷蘭諺語亦云：「姑息野狼等於對綿羊不公。」

症狀13

心不在焉

「多言數窮，不如守中。」

全神貫注有時硬是百般困難，每個人心裡都有數。不論是整理卷宗文件、提筆寫信、填報稅單，還是傾聽某人的苦衷，偏偏就是莫名其妙地不順心，這時缺乏的正是必要的專心。

雖然偶爾心不在焉並無大礙，但情形若是極為嚴重，則會衍生許多問題。唯有能夠專心致志的人，才能發揮個人長才，完成任務並實現自己的理想！若是無法集中注意力，則有可能造成精神負擔，因為不專心且魂不守舍的人經常感到自己的人生沒有展望，而這種感覺可說是有道理的。

整體而言，精神不集中的情形不僅讓人不堪其擾，還會心生厭煩。小朋友無法專心的結果反映在成績不良和老師失望的評語中，令父母頭疼不已。反之，長大成人的子女也會抱怨年邁的父母心不在焉，誤將皮膚藥膏當成牙膏，明明是近親卻會叫錯名字，也會將門診日期和每年的結婚紀念日忘得一乾二淨，或是演出其他類似的鬧劇。

若非罕見的腦部功能嚴重受損所致，分神與心不在焉其實是極為自然的反應；根據經驗顯示，凝聚心神於不感興趣的人事物之上確實非常困難。就像學生對於枯燥的數學教材倍感無聊一樣，祖父對於牢記二十個名字、甚至包含遠房表兄弟在內，也會覺得意興闌珊。因此，健忘與分心經常透露出「缺乏興致」的訊息。

緊緊牽動目光的事物若是趣味性與刺激度足夠，「專注」便以極其自然的方式形成。不相信的人不妨觀察遊戲中的孩童如何聚精會神至忘我忘時的地步，如「捉迷藏」、「找盆子」的遊戲，正顯示出全神貫注絕對不見得「辛苦」。既有趣味又令人興奮緊張的事物總是能抓住我們的注意力，但是某些問題也可能因此而生。必須準備考試或完成絞盡腦汁的工作本身若是枯燥乏味，人的心神則寧可「溜之大吉」，沈湎於其他想法或白日夢中，如此一來想要專心根本不可能。

> 發行不放逸，約以自調心，慧能作定明，不返冥淵中。
>
> ——佛陀

若是在除夕夜欣賞絢爛的煙火，或是深情款款地望著一個人，你的精神將自然而然地集中在這一片刻；然而，單憑外在事物吸引我們的關注並不足以培養心神的定力。全神貫注是一種集中注意力於所選之事的藝術，就像手握韁繩自己決定方向一樣。假如決定學習彈琴、西班牙文、柔道等，卻隨自己的心意三天打魚兩天曬網，當然不會有多大成果，因為在許多狀況下一點點認真和自制力也是專心的必備條件。

佛陀認為，自我克制、內心清明和專心一意是協助我們臻至心如止水與大智之境的重要因素，藉此，命運再也無法動搖我們內心的沈靜。保持清醒和專注，心志便不受外物迷惑，不會沈浸於白日夢、甚至淪陷在負面的苦思中。而且，藉由心神的集中，我們不但能掌控自己的意念，也能掌控自己的感受。

持一個小東西靠近眼睛，使視野縮小，就可以遮住世界；同樣地，我們目光所及的人與事物，儘管再怎麼無足輕重，再怎麼和自己無關痛癢，都會引起我們過度的注意與思索。

——叔本華

心不在焉的人心思大多環繞於周遭事物，而且自然而然集中在伸手可及的東西。若是曾經淪為電視遙控器的受害者，必定體驗過原本只想收看新聞、最後卻演變成徹夜守在電視機前的那種不滿足感。心志很容易受到近在眼前的事物干擾，而且很容易因此就範。當家裡的小狗扭傷前腳時，牠的痛苦令我們看在眼裡十分心疼，而這種情形似乎較廣播節目報導動物的大批飼養環境慘無人道更讓我們關照，因為後者並非親眼目睹。

另外，三心二意且思緒漫無邊際也會使心情無法平靜。就像一葉扁舟在波濤洶湧中沈浮漂搖，恍惚的心緒也是東擺西盪，完全受制於四周環境對感官的誘惑。因此，唯一的問題便是如何克服心神不定與渙散。

多言數窮，不如守中。

——老子

對自己無法專心而感到困擾的人經常有一種印象，以為專心一意很難達成。實際上，專心與「咬緊牙關」、「振作精神」經常被混為一談著實令人嘆息，因為基本上專心的同時也能怡然自得。

專心就是聚精會神。臨摹山水的畫家、嬉戲的孩童、進行研究的科學家、好的傾聽者，皆是展現專心與聚精會神的同時也能滿足與喜悅的例證。

許多擾亂精神集中的肇因在於內心意識到太多外物的誘惑，道家思想則極其重視內心保持清靜、選擇目標宜少而精，反而不推崇以「多多益善」的心態蒐羅並運用資訊。

智者與常人的區別在於，智者不僅能完全心無雜念地凝視天空飄過的雲朵，還能同時保持歡喜的心情，而這正是沈思冥想的必備條件；反之，常人則需藉由大量的外物與消遣填滿內心的空虛，於是邊吃早餐邊看報紙，同時不忘與家人吵嘴，不然便是開車時邊收聽廣播還邊打電話。

五色令人目盲；五音令人耳聾；五味令人口爽；馳騁畋獵，令人心發狂；難得之貨，令人行妨。

——老子

下定決心遠離誘惑以進行更有意義的事情，和專心致志關係匪淺。能在某段時間之內心無旁鶩，與其說是堅強的意志力使然，不如說是果斷的決心。

請記住：專心並非吃力而痛苦的事，也不會到達緬緊肌肉至青筋暴露的地步。不論是打算下一個小時專心聆聽朋友的傾訴，還是提筆寫一封很久以前便想書寫的信，唯一的難事其實是下定決心。

一旦越過這道關卡，對於即將進行的事情有了心理準備，則不論是有關工作上的成就、問題的解決、哲學觀的培養，還是烹煮一鍋色香味俱全的海鮮湯，「專心」將會帶給你圓滿達成目標不可或缺的鎮靜與從容。

症狀 14

病痛纏身

「健康的乞丐確實較臥病的國王更加幸福。」

哲學能夠協助你變得閒適泰然。本藥箱最前面幾條說明已經提及，平靜和諧的心境終會對人體產生極具正面的效用。即使如此，疾病一事卻攸關性命，自然不能置之不理；可以確信的是，任何一種疾病皆暗藏玄機，其道理在於：

存在即是合理。

——黑格爾

患有疾病的人或許對於自己害病竟是「合理的」一說感到豈有此理，但是黑格爾採用的概念意為「自有道理」。人會罹病的確是不爭的事實，唯有停止頑抗，坦然接納既定之事實，方能認清事物背後的意義，這點亦為東方哲學思想的重要觀點之一。

因此，可以斷言的是：不論是愚夫或哲學家，所有人在一生中通常都有生病的時候。與愚夫相反的是，探討哲學具有勤於思索的優點，因而能夠經常獲得許多認知，其中一些能在臨危之際發揮使心神安恬自若的功效。無庸置疑地，病痛纏身亦屬於危難時刻，身體之疾可以演變成苦不堪言的負擔，當然導致人生樂趣盡失。有鑒於此，值得推薦的是事先認識疾病之始末，亦即培養預防重於治療的觀念。

> 健康遠勝於所有外在的財富，以至於健康的乞丐確實較臥病的國王更加幸福。
>
> ——叔本華

首先，我們應該對健康的意義有確實的了解。叔本華強調，所有的財富也比不上健康；遺憾的是，人們通常只有在喪失健康時，方能領悟健康的無價，只要感到安適無恙、活力充沛，便經常缺乏保養身體的必要動機。倘若真如叔本華所言，健康的乞丐確實較臥病的國王更加幸福，則理智而健康地營造人生、尊重自然界的法則便充滿意義。

> 所有愚蠢行徑之首在於犧牲自己的健康，不論基於什麼原因，不論是為了工作、升遷、追求學識或聲望，更遑論是貪圖淫欲和短暫的享樂：更確切地說，健康應置於一切之上。
>
> ——叔本華

叔本華言下之意不外乎凡事皆以健康為貴，不值得犧牲健康來換取金錢、地位、名望、尊榮與學識。許多疾病其實是不良生活習慣引發的後果，這點早在叔本華的時代就已經廣為人知，即使當時尚未出現「工作狂」或「壓力」的概念，但是有些人為了或多或少值得懷疑的目標而汲汲營營，心甘情願以個人的健康為代價，這種奇怪的行為在當時顯然也已經被探討。

只要是正常人必定會心生疑惑，為何有人要浪費自己的生命、失去自己的社交圈，甚至以婚姻和健康為賭注，只為了賺取更多的財富，提升個人在公司裡的聲譽，並且得到重用，或者藉此滿足野心與工作欲。不過，哲學家更是對這種行為倍感訝異，因為他們非常重視維護內心和諧不可或缺的「閒逸之心」。

除了壓力與繁忙之外，叔本華也將淫欲和短暫的享樂列為「健康殺手」。在現在這個時代中，沒有人不曉得沈迷於酒精、尼古丁和暴飲暴食有害健康，但是幾乎沒有人能夠遵循最簡單也最有效的建議：「吃得少而健康」、「減少菸量甚至拒絕吸菸」、「小心飲酒」並且「多運動」。

我從普魯塔克的著作中得知凱撒大帝使用哪些方法對抗不適之症與頭痛：勞頓的長途行軍、簡樸的生活、長期露天而居……。

——尼采

約一百年前，克奈普（Kneipp）神父撰寫了有關使用冷水以及養生的訣竅，但是在此之前，簡樸的生活方式以及接觸自然對人體所產生的作用當然早已為人所知。從尼采描述凱撒大帝「養生保健計畫」中透露出的言外之意不外是：人類「被創造」的目的，絕非每天朝九晚五坐辦公室之外，下班後繼續坐在沙發上看電視消磨。

當然，不是每一種疾病都純粹是不理智的下場，萬一遭病魔糾纏，首先應該找出病因是否來自不正確的飲食和不良的生活方式，或是緊張壓力等心理因素造成的。假若原因真是如此，修正錯誤的生活習慣不僅能夠促進身體康復，也能防止舊疾復發。

休養為工作的調味料。

——普魯塔克

所有的疾病皆蘊涵著有待破解的訊息。你的病痛或許只是傳遞信號告訴你活動筋骨的方向不正確，或是該多留一些時間給自己。也可能你很難在緊張與放鬆之間找到平衡點，所以身體遲早必須以病狀反應出來。許多顯現在身體上的問題可以藉由休養、清靜與閒適來預防，欲使身體和心靈獲得均衡調和的一種方法，便是閱讀能夠振奮、鼓舞並慰藉人心的文章；不是只有詩人，還有許多哲人的思想精粹均能提供幫助。

治人事天，莫若嗇。夫唯嗇，是以早服。早服謂之重積德，重積德則無不克。

——老子

對西方哲學而言，老子防治疾病的方法非比尋常，卻與整個東方哲學思想並行不悖；譬如，老子建議治療應由內而外進行。總而言之，他在這段引述中提出了生命活力的秘訣。依據東方思想的見解，這種活力——或者說生命之力——能夠透過「保養」、「節制」與「無為」而充沛強健，而且可做為治療之用。

老子的養身之道可不是指躺在床上打盹而已，而是應該善加分配自己的活力與能源，避免無端的浪費。

生命的活力也是在任何復原過程中具有決定性的因素，並不會因為林中散步或辦公處事而衰減；然而，缺乏沈靜的定性或是懷有仇恨、妒忌等負面情緒，由於皆屬內心的阻力，因而將會消耗許多能源與活力。此外，任何一種方式的縱欲、不知節制，以及老是將人生視為抗戰的習慣，也是同理。因此，養身保健的最佳方法就是勿把自己撞得頭破血流，而是以泰然愉悅之心放輕鬆地看待自己與人生。

有時候，就連思考也會損害健康。

——亞里斯多德

就像正面的想法有益健康，負面的想法也會導致身體產生諸多問題。亞里斯多德在此提及的思想力量正是家用哲學藥箱的中心思想，而且已經探討多次；不過，若是一次又一次地提醒自己，自己的思想能夠左右自己的健康，則絕對是有益而無害。其實，不僅只有消極的想法會讓人生病，只要介於肉體、心靈、思想之間的和諧受到擾亂，便有失調與失衡的危險。柏拉圖便指出，任何單方面的發展都會被視為風險因素：

在身體沒有運動的情況下，就不該耗費心力，如此才能使身體與心靈取得和諧與共鳴，進而達到健康。不論是哲學家或是從事其他工作的人，只要是職業上必須消耗大量的腦力與心力時，就應顧及身體的相對活動量是否充足，並且認真做體操健身；反之，必須消耗體力的人，就必須以音樂和所有能夠鍛鍊心智的方法陶冶心靈。

症狀15

無聊發慌

「人類的另一種痛苦深淵。」

一般而言，大多數人的生活就像驚險電影中的一些刺激情節而已，剩下的時間則平淡無奇。這樣其實也挺好的，否則心肌梗塞的病人可就大幅提高了。人類的神經系統並非用來承受一整天的情緒激動、壓力緊張或永無止盡的閒聊；然而，今日許多人渴望無限的消遣娛樂，而且為了打發時間，不論內容何等荒唐都不放過。

逃避無聊與千篇一律的日常生活經常使人們成為娛樂業界商品的好消費群，因而熱愛觀賞電視節目、收聽廣播、閱讀各類書報雜誌、看電影，或者更現代化——上網。其實何樂而不為呢！畢竟，沈悶無趣若是幾乎無法避免，著實令人難受；雖然沒有人願意忍受這種處境，每個人卻都曾經領教過。

沒有人能因機智風趣而倖免無聊發悶。

——沃維納格

雖然每個人無聊發慌的程度不一，然而不分愚智、男女、老少，無人能夠完全迴避這種情緒，甚至家中的寵物如聖伯納犬、水族魟裡的金魚等，一副意興闌珊的模樣也時而可見。有時候，「無聊」彷彿威脅著宇宙萬物的生存。

不過，究竟什麼是無聊呢？是人之常情嗎？或者至少是一種正常心態？是不良生活方式所導致的後果嗎？還是像一場傾盆大雨，突如其來且出於天意，令人防不勝防？

對於自我意識而言，洞察內心的空虛和黯淡單調的日常生活，「無聊」也可能反而是有趣的觀點嗎？或者，無聊根本只是一種冷酷無情的事實——只能再次漫無止境地枯坐，等待事情發生？

一方面，感到無聊的心情並無害處：如果必須花十分鐘等候火車進站，卻忘記隨身攜帶一本讀物打發時間，一定仍舊熬得過去。不過，在另一方面，無聊卻也可以令人神經崩潰且沮喪不已。舉例而言，假若有一天早上，醒來後發現自己的人生、配偶、家庭與工作整體來說著實令人厭倦至極，在這種情況下，枯燥乏味的感受將會很快使你心灰意冷，而且萬一情形不曾好轉，將會對健康造成不利的影響。

既達神爽體健之境地，又不陷於煩悶無聊，則大略臻至人世間之幸福。

——叔本華

叔本華為悲觀主義者果然名符其實，他視無聊為人生不可避免之事，因為他當然不相信世間幸福可以獲得。克服無聊的其中一個方法的確莫過於接納這個事實，與之共處，並且默默希望無聊的時刻趕快再度消失。

只要認清人生並非總是多采多姿，不僅能使自己省去許多壓力與緊張，還能避免傷財。若是能將無聊視為一種來來去去的心情狀態，就不必一直尋找消遣的辦法了。

至於無聊的排遣：我們經常懷有一股強烈的渴望，亟欲藉由或多或少繁忙的工作抵制無聊，並且透過各種不同的消遣擺脫內心的空虛。然而，即使這個主意不錯，久而久之卻也證實了一切並不如想像中順利；比方說，若是觀察劇院觀眾、旅行團成員或保險公司業務代表，則仍然可從他們通常興致盎然的臉上發現感到乏味而味如嚼蠟的表情。

無聊的感受是一種內心狀態嗎？不論是坐在加勒比海海岸的棕櫚樹下享受一杯調酒，還是坐在自家客廳的沙發上消磨時間，仍是一種無法逃脫的心境嗎？不讓自己賦閒在家是明智之舉嗎？

不工作的人將飽受無聊煎熬，而且充其量只是在愉快之中麻痺而精疲力竭，卻未曾有神清氣爽、心滿意足的感受。

——康德

康德之見也有簡單明瞭的時候！工作的人神清氣爽、心情舒暢，怠惰的人則應該好好體會窮極無聊的下場。這個觀點或許有點過於一概而論，卻也不無道理，畢竟很容易觀察到的是，專心致志於工作和做事滿懷興致之人總是覺得時間晃眼即逝，因此不容易感到無聊。實際上，處在退休階段或是在意外事故發生後長時間無法工作的人，以及因享有榮華富貴、豐衣足食的生活而大可不必辛勤工作的人，的確特別容易產生無聊發悶的感受。

自然界賦予人類的武裝配備便是力量，這股力量的最初使命在於與困境搏鬥；然而，奮鬥一旦停止，人們尚未消耗的力量便成為一種負擔：必須與剩餘的力量消磨，也就是毫無意義地利用它，否則將立刻陷入人類的另一種痛苦深淵——無聊——尤其權貴顯要與富家豪門最是飽受折磨。

——叔本華

人生的逆境過後，潛伏的危機便是面對轉為平庸無趣的人生，這一點似乎支持了「藉由埋首工作、盡可能加班來擺脫無聊」的論調。其實完全相反！坦承自己的工作令人昏昏欲睡、因而需要幾壺咖啡才能提神的人可是不計其數。

並非是工作，而是熱忱、衝勁和潛心致力於有意義的事情，才是乏味的相反詞和對抗無聊的特效藥。

不僅只有工作，像是划船或躺在陽光底下也能讓人心醉，達到渾然忘我之境；還有閒話家常、愛情的溫柔繾綣、享受醉人的法國白酒，皆能令人非常滿足，於是每一片刻皆顯得極其珍貴，何來無聊之有？總而言之，善於利用時間的人似乎絕不會感到乏味無趣；對這些人而言，將最寶貴的時間拿來消磨或是和別人鬼扯一番儼然是荒謬之舉。

欲尋找排解無聊的對策，必須先尋找如何用心經營人生、培養熱忱和敞開心胸的方法。有害無益的是：害怕面對內心的空虛，寧願以逃避為上策，於是藉著五花八門的消遣麻痺自己的感官，或是從事無意義的活動與膚淺的娛樂，與呆板無趣的人為伍，流連於無聊的場所，以及死守一成不變的公式，沒有勇氣嘗試新的事物。有益者即為上述之相反。

症狀16

物質匱乏

「貧困而安逸自得，則令人欽敬。」

「金錢無法換取幸福。」「與其富貴而蒙羞，不如貧窮而有尊嚴。」這類話語想必大家都耳熟能詳。另外，還有耶穌的名言：「駱駝穿過針的眼，比財主進神的國還容易呢！」大家心知肚明的是，駱駝就算在幼年期也絕不可能穿過針眼，況且又有誰不想離開世間後進入天國呢？整體而言，聖經與民間傳說對於財富的看法一致，就連以錢財為主題的老掉牙故事也不勝枚舉，所有的結論都是：有錢人不會快樂。然而，這對家境貧寒又不幸福的人有何幫助？他們或許會簡潔地答覆：「錢沒有臭味。」

不用說也知道，某些窮困潦倒的哲人早已對這個問題進行各種不同的思索，因此當我們因物質匱乏而心神不寧時，哲人的觀點或許有些幫助。首先，讓我們聽聽希臘哲學家伊比鳩魯的見解，他對於所有引發痛苦與不適的禍端都極力避免。

不能知足的人，即使擁有整個世界，仍然一貧如洗。

伊比鳩魯認為，快樂與安逸為幸福人生的目標；至於物質上的豐厚，他則認為助益不大。然而，常言不是說金錢幾乎可以滿足我們所有的願望嗎？再者，難道心願的達成不會讓我們獲得極大的快樂嗎？誰不願享用一道上等海鮮總匯，搭配香檳美酒？誰不想駕駛一部頂級豪華轎車，坐在皮製且烘暖的駕駛座上，並且擁有高貴的精品服飾，旅遊世界各地就好比逛一圈巨型遊樂場一般？

雖然伊比鳩魯鼓吹享樂主義，卻不代表他是個頭腦簡單的縱欲者。在史冊中，深受唾罵的古希臘哲學家之一便是伊比鳩魯，然而他只不過是經常被人誤解罷了。他重視的並非感官的享樂和欲望的滿足，而是「真正的快樂」與「真正的幸福」，並指出唯有在心平氣和與克制情感的條件下方能臻至：

在所有財富中，最珍貴的是知足。

抱怨家境窮困的人應該意識到「富裕」或「貧窮」的定義有許多面。若是存款帳戶的支出明細表上印著多位數字，自己對此亦甚感滿意，另外還擁有轎車與不動產，小則兩房一廳，大至豪華別墅，加上錄影機、微波爐、抽水馬桶等家用設備，則通常可視為富足；若缺乏上述條件，則是貧窮。

不過，只有在剛開始時才容易對「富裕」下定義，一個人是否富裕必須在物質生活的充裕度上與他人相較，僅能勉強餬口的中歐人通常仍較加爾各答的乞丐更有錢。更進一步地思考，人們還有所謂的「富」有天分、智識、創見、感受力與口才，甚至是「富」有人緣與閱歷豐「富」，所以這整個道理就變得難以一眼望穿了。也因此，後人可得感謝伊比鳩魯提出財富即為知足的定義了。

對自己心滿意足、快樂且別無他求的人，即使生活簡陋、經濟拮据，但是卻通達智慧，則不能稱為貧窮。

「精神上的富裕」能取代物質上的奢侈品，西塞羅亦針對此重要性進行探討：

評估每一個人的財富不能以收入、而是以需求狀況來衡量。

合乎邏輯的是，假如本身需索無度，超過了實際需求的範圍，則不但花費不貲，而且耗損時間；如果需求愈來愈多才能填補愈來愈無法滿足的內心，則終將成為個人需求的奴隸。

另外，能夠躺在草地上沈思冥想、浸浴在蟲鳴鳥叫和春風微拂之中而愜意自在的人，可是值得恭喜的，因為這樣的人不需投保火險、宅內物品險或旅遊解約險，也不會因為身上穿的絲質褲沾了泥巴而大傷腦筋。

許多人誤以為目前根本還不到滿足的時候，因為未了的心願、理想和尚未購買的東西還很多。這其實是普遍的邏輯錯誤，問題便在於：亟欲擺脫貧困而造成的不安、壓力與不滿情緒是否較貧困本身造成的更多？

若是想要說服自己貧窮本身並非不幸，只需比較窮人與富人的神態。窮人笑得多而響亮，沒有任何憂慮可以驅走他們內心的寧靜；他們站得夠高，以至於憂愁有如一小片從他們身旁飄過的浮雲。

——塞內卡

富人經常失去笑容是因為有許多責任、擔憂與恐懼。身無長物者可以失去的東西少，有財產的人當然相反。我們擁有的每一件東西都會得到我們的注意、保護和修整，並且在失去時被我們哀悼，對許多事物懷有戀棧之心的人也將受煩惱所苦。

少有需求者不會陷入必須放棄許多事物的窘態。

——普魯塔克

在倫理學方面，普魯塔克追隨亞里斯多德的腳步，因而自是偏好中庸之道。因此，他絕不贊成積聚世間財富，也不斷地向世人提出與伊比鳩魯、西塞羅、塞內卡類似的警告；儘管措辭不同，卻不謀而合。

沒錯，金錢無法使人快樂，因為快樂是一種內心的境界；不過，必須補充說明的是，以公正的角度來看，金錢也同樣無法直接使人不快樂。普魯塔克可沒說人們不需任何東西來生活，而是單單指出：若是能限制自己僅僅滿足絕對必要的需求，則是有益之事，而這類需求不外是尋求棲身之處、飲食、一件保暖的夾克好過冬等等。

感謝自然界使難以獲得的東西成為非必需品，同時也使不可或缺的東西唾手可得。

——伊比鳩魯

在德國，即使身為貧民，大多仍有辦法獲取生活上急用的必需品；反觀世界上其他區域，伊比鳩魯這一番話極適用於中歐地區。想要獲得生活上不可或缺的東西以滿足人類的基本需求，當然比追求、擁有非絕對需要的東西容易多了；非絕對必要的東西，尤其是奢侈的消費品，在富庶繁榮的工商社會中卻可能被視為一般民生用品。

處於貧困而安逸自得，則令人欽敬；能夠如此，何貧之有！因為知足知止之人不會貧窮，反之則為欲壑難填之人。

——塞內卡

特別重視心緒安寧與培養自得其樂之性的人若是遇到缺錢而無法滿足心願的時候，一樣也能安然度過。你是否可以想像，單單憑藉保持喜悅與平和的心境就能在日常生活中節省不少開支？如果必須花錢才能享有娛樂，是否有可能因為不知如何與自己共處而感到窮極無聊？是否必須接受新觀點才有可能知足而安於現狀，並且認清「心滿意足」並非外在物質生活所能換取？

使貧窮更加不幸的原因為別人的藐視，即使立下功勞，也無法徹底轉變一般人鄙夷的態度，因為他們眼中見不到能夠矇蔽這種愚昧心態的地位與頭銜。

——康德

康德提醒我們，對「貧窮」落井下石的一個重要因素就是藐視。基於無法解釋的理由，有錢人經常帶有瞧不起貧窮人家的習氣，以至於後者心裡難受。在世界各地，一個人的價值通常不是取決於個人的能力、資質與善良，而是大多以地位、頭銜、姓氏與金錢為衡量標準。萬一陷於物質匱乏的困境，應該不斷地思考如下問題：內心產生的負面感受和財源拮据有直接或間接的關聯嗎？真的是因物質上的短缺使你疲憊不堪，還是因別人的評價？

假如無法藉由開源節流或中獎機遇擺脫貧窮與資金短缺的情形，這時特別重要的是了解安貧樂道也能顯貴。世上沒有任何事物有權剝奪你的尊嚴和內心安寧，更遑論別人不成熟的批評與看法了。其次，則是列出事情的輕重緩急：相較於健康或心境平和，財富的重要性為何？最後，我們以柏拉圖的見解為總結：

我們已經說過不下一次。我們認為，掛念錢財不該是最重要的事。人們患得患失的財富基本上有三種類型，其中擔心財產應為最末之事，擔心身體為第二順位，而顧慮心靈則為首要之務。

症狀17 神經緊張

「愚人營營役役。」

現代社會中絕不乏焦慮急躁之人，事實上，神經緊張似乎也成為一種典型的文明病。沒有人會感到詫異，畢竟我們活在一個講究分秒必爭的時代中；況且，人口密集的大都會也必然沒有偏遠鄉鎮所擁有的那份清靜感。

恬靜是一種心靈諧順與調和的自然境界。

——洪堡

雖然緊張焦慮的情形實際上已在許多孩童身上發生，而且在今日社會中幾乎被視為正常現象，但是神經緊張涉及情緒失調的事實卻也不容磨滅。誠如洪堡所描寫，身心健康的人自然也擁有恬靜的心情。

一旦有神經緊張的毛病，便會曉得這種狀態將引發一些壓力與生理上的反應。緊張的人經常受失眠、頭痛、消化問題、食欲減退的折磨，而血壓老是衝到一百八的人自然較氣定神閒、處變不驚的人更容易陷入情緒激動。

如果真有所謂的財富，至高無上的財富便是恬靜、幽居以及一處不受干擾的地方。

——拉布呂耶爾

緊張不安的情緒如何形成？為何有些人總是神態從容，有些人的神經卻連雞毛蒜皮的小事都不勝負荷？難道是生性不同使然？可能性幾乎等於零，因為還是有許多人聲稱，經由後天的學習，譬如參加瑜珈課程或放鬆訓練，能使他們懂得靜下心、放寬心地生活。

焦躁不安的情緒之所以會出現，必然是因為當事人感到力不從心。只要沒有任何壓力沈重的感覺，就沒有理由把自己的心神安寧拿來當做賭注。神經脆弱的人特別應該注意的是：時而遠離世俗塵囂的紛擾。拉布呂耶爾建議我們將恬靜視為崇高的財富，定期在不受煩擾的地方享受清靜，切實奉行這項忠告的確有助於消除緊張並緩和呼吸的急促。

睿智者致力於追求沒有痛苦、不慌不亂、恬靜安逸的人生，也會追尋安靜、樸實且盡可能不受打擾的生活，因而深居簡出。偉大人物甚至會選擇孤獨。

——叔本華

姑且不談孤獨是否為抵抗內心不安的最佳藥膳，但毫無疑問的是，叔本華確實言之成理。平靜恬淡的人生充滿著安和閒逸，而非浮躁、緊張與慌亂，因而能夠增進健康與快樂。同樣地，有智慧的人將致力於追求沒有痛苦的生活，平心靜氣地經營人生，但這可不是意謂著終日無所事事、遊手好閒；完全相反的是，擁有從容不迫的心情能使人圓滿達成許多任務，避免因緊張、心浮氣躁而變得無法聚精會神。

肌肉經勤奮使用而強健，神經則經勤奮使用而衰竭。所以，肌肉應該獲得適度的鍛鍊；反之，神經系統則應受到保護，以免於任何負荷。

——叔本華

叔本華再次強調，使自己的神經系統過度勞累，因而產生壓力，將會出現緊張焦慮的狀況。神經為何會不堪負荷呢？原因可能是情緒過於煩躁、激動。

我們這個世界充滿了刺激有趣的事物，即使有些事物因為能夠啟迪與振奮人心而顯得十分必要，但是受到過多外物影響有時也是不智之舉。叔本華說得沒錯，與肌肉完全迥異的是，「勤奮使用」或嚴格訓練並不利於神經；反之，避免受到刺激且放鬆心情，可防止過度緊張而導致神經崩潰的後果。

塞其兌，閉其門，終身不勤；開其兌，濟其事，終身不救。

——老子

老子認為我們應該「塞其兌，閉其門」，並非要我們緊閉嘴唇或以棉花塞住耳朵度日，亦非做出其他怪裡怪氣的事。老子在此暗喻的道理不僅與其本身東方哲學觀名符其實，而且也是消除緊張與急躁不安的一帖良方，這個道理說明了人們不該過著勞神費力、汲汲營營的生活，反而應該善加掌握並操控自己的人生。「閉其門」則象徵著一種態度，賦予我們區分輕重緩急和篩檢事物的能力，防止我們的感官為外物所惑而迷失自我。專注於自己分內之事並保有一顆和睦諧順的心，也能使自己免於精疲力竭，防止因浮躁慌張而浪費生命的能量。

將目光集中於自身和適合自己的事物上，對於心境平和具有莫大的重要性。此外，與其總是將眼光置於高居於上位之人，不如反觀境遇較我們更坎坷之人。

——普魯塔克

普魯塔克也論證，學習「反求諸己」、不與世沈浮而迷失自我，並且選擇切合自己需要的事物，著實重要；除此之外，他還透露出「比上不足、比下有餘」的觀點。以這種方法處世，自然能夠避免怨天尤人的性情。妒忌與不滿經常是內心無法平靜的肇因，除了特殊的疾病所致之外，精神焦慮總是由不安的想法中產生。

假如你感到不滿足，你將會認為改變現狀勢在必行。若是亦能扭轉情勢、改善現況，當然就毫無問題；然而，令人遺憾的是，無法滿足的心態卻經常難以促進當事人展開有益的行動，只是徒增焦慮的情緒罷了。

愚人營營役役，而智者所做的一切則是摯愛、靜觀、養生，較愚人高尚十倍。

——西勒修斯

在《天使般的漫遊者》中，西勒修斯提出智者與愚人的區別所在。「愚人營營役役」意指愚人追逐名利，而且套用普魯塔克的看法，他們的眼光總是朝向不切合自己需求的地方，因此利欲薰心，繼而產生各種不安的想法，導致焦慮、壓力和情緒激動的後果。反之，智者自始至終便遠離不適合自己的事物，遠離世俗塵囂與誘惑，心思集中於「摯愛、靜觀、養生」，聽起來確實沒有一點心浮氣躁的意味，反而是智者所具的性情：怡然自得。

症狀 18

相看兩厭

「婚姻與獨身皆有不利之處。」

人類有一種傾向：把自己的生活弄得更複雜。若不是一而再、再而三地忙於處理一些問題，人們反而容易無聊發悶；換句話說，適量的困難與問題可以讓生活獲得調劑與排遣。然而，舉凡適用於一個人的情形，邏輯上也自然適用於兩個人——尤其是當情侶決定共度下半輩子時。

下文援引的箴言若是一再提到「婚姻」，則此概念亦適用於今日常見的「非婚伴侶關係」和「同居關係」，因為在當時的年代幾乎沒有這種現象。雖然此一時、彼一時，但哲學心理學中的規律卻不因時空而有所不同。

當我們陷於問題重重的伴侶關係時，不禁要問：為何相愛的人竟要互相為難，把生活搞得烏煙瘴氣，而心神的安寧平和也受到干擾？撇開離婚手續以及所有伴隨而來的憎惡與不滿，是什麼原因導致一對終生伴侶徒增彼此的痛苦、失望、憂愁與失眠夜，而且一言不合便吵得天翻地覆？

畢竟在最初時，一切總是美好得令人如癡如醉：其中一方光是在電話另一端輕聲耳語、喁喁噥噥且撒嬌撒癡、情話綿綿，另一方便心蕩神馳，彷彿眼前紅光紫霧乍現，又或心頭小鹿亂撞、樂不可支——於是，雙方便默認彼此為感情的歸屬！

隨著荷爾蒙激素的變化，熱戀的時間可短可長——直到最後深深醒悟的時刻，大多只是時間遲早的問題。下文將引用並參考哲學觀點，這並不是因為筆者認為婚姻諮詢顧問無用武之地，畢竟嚴重的婚姻和感情問題經常十分棘手、難以解決，而且也是產生不適、壓力、甚至身體病狀的根源——譬如，從「你真是氣死我了」這樣的「警句」便可看出。因此，針對「伴侶關係」的主題進行一些思考，讓自己茅塞頓開，應當是非常有益之事；至於能否找到解決之道，則是個人耐心與興趣的問題，尤其是意願的強烈與否。

> 兩人彼此的信賴若是大於彼此的了解，感情就較能穩固，這也就是為何戀人在婚前的感情較婚後堅定的緣故。
>
> ——尼采

首先我們應該了解的是：雖然熱戀與伴侶關係存有某種前後關聯，兩者仍然各有不同。最顯而易見的差異莫過於熱戀中人彼此幾乎沒有摩擦和問題，相處甚感愉快，這種情形卻不是在老夫老妻或感情穩定的男女身上皆可見到。於是，尼采之言也暗喻陷入熱戀的情侶帶者

「粉紅色鏡片」觀望世界，過分粉飾太平，以至於盲目而無法看清真相。若是在熱戀中神魂顛倒，對於交往的對象根本一無所知，這時的愛情可謂盲目。

熱戀中的男女相信彼此的感情，卻不了解彼此；換句話說，自身的幻夢、渴慕和心中完美的戀人典型將投影到愛人身上。因此，戀人的情話也彷彿是童話故事的翻版：「從前從前有一位非常仁慈、名聲遠播的王子，不僅英俊瀟灑、體格健美，而且氣宇非凡、聰明慧穎，集所有長處於一身。」上述亦同樣適用於某某公主。這種完美的優點三天三夜也列舉不完，因為「當局者迷」，對戀人的性格缺點一概視而不見，儘管旁觀者再三勸戒也絲毫不為所動。

陷入熱戀的人總是篤信心愛的對方。雖然是姜太公釣魚，願者上鉤，不過當自己最後從經驗中獲取心得與教訓時，也只好接受令人難以痛快的事實，讓自己徹底覺醒與悔悟，感慨之情可想而知！

> 如果真有所謂美好的婚姻，則它不需要愛情，反而努力追求友誼。它是一種甘甜、經得起考驗並且充滿信任的共同生活，而且兩人相互扶持，共盡責任義務，始終不渝。
>
> ——蒙田

雖然我們以為愛情的烈焰可以燃燒到天長地久，但假設有一天如夢初醒，發覺愛情早已黯然失色，如何拯救缺乏荷爾蒙的兩人世界是遲早會出現的問題。在伴侶關係或婚姻生活中，你或許也會遇到如下列最常見的問題：「他（她）到底是不是我的理想對象？我識人不清嗎？我應該和他（她）共度人生還是一刀兩斷？兩者之中哪一個抉擇較為困難？我能改變另一半惹我討厭的地方嗎？」或者：「我自己的閒暇時間比兩人共處的時間還重要嗎？假若另一半換成別人，我會比現在幸福快樂嗎？」

你對兩人關係懷有什麼樣的期許，便會影響這些問題的答案。過高的期望經常是導致不滿、失望和分手的真正原因，點了一客淋上熱桑椹果醬的香草冰淇淋，端上來的卻是碎麥甜粥，必然會大失所望。我們可對碎麥甜粥沒有敵意！但是，問題就在於：所期待的卻落空！若有人相信另一半將永遠貼心、溫柔、聰慧、性感撩人，而且從此一起過著人間仙境般的生活，則夢幻破滅的情形就更嚴重了。期許若不切實際，結果也只能怪罪自己，而不是埋怨別人。

就另一方面而言，適度的期待總不為過。在兩人緊密結合的世界裡，至少應有愛情存在吧！然而，不僅身為哲人、還擔任波爾多市長的蒙田看法卻不然，他認為愛情並不是美滿婚姻的催化劑，友情與信任才是；他還補充，平日的相互扶持以及責任的共同承擔，也對婚姻有益無害。不過，是否應該完全信任一位市長的愛情觀，倒是值得考慮。

> 除了尊重對方的性格素質之外，婚姻的幸福之道還來自於身體、精神與心靈的親密交流，這使得男女之間的真愛成為人類所有經驗中的無價之寶。就像所有重要而珍貴的事物，這樣的愛情也有它自己的道德觀，並且經常要求犧牲小我、完成大我的精神；然而，這樣的犧牲必須心甘情願，否則將危及愛的真諦：為愛犧牲。
>
> ——羅素

相較於蒙田，羅素的愛情觀似乎更討人喜歡，他將男女情愛視為兩性關係幸福美滿的必要條件，但是這種愛情卻不能與熱戀混為一談，因為它以一種至深的親密交流與尊重為基石。不過，要達到彼此尊敬、重視與信任，卻也需要某種程度的努力，因為這些特質既非與生俱來，亦非結婚後便能自動養成。

與其暗地裡熱切期待白馬王子或白雪公主出現，不如認清事物的真實面貌，並且對感情投入時間與心力，有時也要自我犧牲與付出，如此一來，欲建立持久的伴侶關係便指日可待。在這種帶有責任心的感情關係中，我們不僅清楚自己交往的對象，也能日漸了解對方的弱點，這樣的愛情才能發展茁壯。

即使是姻緣天註定的神仙眷侶，也無法避免某些典型的謬誤所導致的感情危機，其中一項先前已提及：誤以為熱戀能夠永生永世。其他造成夫妻生活爭吵不休的觀點亦列舉一二如下：

「激情的火花貴在誠摯與信賴。」

「我的伴侶必須為我的幸福負責。」

「在兩人世界中，絕不能枯燥乏味。」

「我的伴侶不了解我，而且阻礙我的前程。」

智慧蘊涵的一項認知便是：自己的幸福由自己一人負責。將本身的不順遂怪罪於另一個人，也就等於將自己的幸福讓給別人作主，落得自己只能永遠扮演犧牲者的角色，如此豈是明智之舉？

然而，也有某些感情風波來自於具體的因素，因而能夠適時避免。

假如夫妻不生活在同一屋簷下，將會有更多美好的婚姻。

——尼采

與朋友時而相聚、時而分離，對正常的友誼而言十分合情合理。由於人類嚮往自由的心不斷受到居家生活的牽制，因而面臨考驗，就連最詼諧逗趣的人與伴侶生活多年後也難免有缺乏話題、面面相覷的時刻。然而，絕大多數夫妻以及有感情對象的人幾乎都是出雙入對，不論是生活起居，還是吃喝玩樂、旅遊、看電影、坐在電視機前，都習於形影不離，這樣的情形還經常被視為理想的兩人世界。

對感情而言，最厲害的殺手之一便是兩人關係的泛公式化。如果一天到晚共居一室，想避開都沒有辦法，久而久之兩人相見遂演變成枯燥的例行公事，而且每下愈況。曾有人說過：許多小別可使夫妻免於永遠離異。若是覺得自己有如籠中囚鳥，空間狹隘又沒有自由，則可藉由一些簡單的技巧，如分房就寢、和朋友短期旅行、培養完全屬於自己的嗜好等等，化解許多問題。

若欲充分運用婚姻賦予的一切，男人與女人就必須學著領悟，雙方都要保有個人的生活自由，不論法律如何評判。

——羅素

「彼此相屬」的感覺令人陶醉，這是不爭的事實，但是失去「自我」仍然屬於不該犯下的錯誤。就像人們需要別人的好感、熱誠與思想交流，同時也需要自由、追求新知的機會，以及獨立自主的權利。

介於渴望自由與渴望共同生活之間的不平衡感，增添了許多生活上的困難，尤其是當其中一方想要傾吐心事、需要伴侶在身旁扶持時，另一方卻在此時希望自由獨立、不受干擾，這種情形自然使雙方左右為難。唯有體貼諒解、保持幽默與寬容之心，才能解決這種問題。

欲創造美滿的伴侶關係，首要條件便是具有愛人的能力；當你全心全意愛著對方時，不滿、苛責、爭執和諸多感情問題自然就煙消雲散。不過，費希特可另有高見：

人類連愛自己的能力都沒有，除非將自己視為永存不朽。

可以理解的是，無法接受自己、愛惜自己的人也沒有愛人的能力。這是否意謂著要保持愉快的兩人關係，必須學習更加愛惜自己的羽毛，善加對待自己，並滿足自己的需求，特別是如費希特所言——將自己視為「永存不朽」？

導致兩人關係陷入衝突的原因也經常是「恐懼」感作祟。恐懼是愛情的絆腳石，它採取的是緊迫盯人、不肯鬆綁的態度；然而，彼此契合、相知相惜的真愛則是放手讓相愛的人自由遨翔。

你一定十分清楚，伴侶或婚姻關係時常令人心生惶恐：對感情患得患失、妒忌吃醋、擔心傷害對方、害怕因為遷就另一半而就此埋沒自己的前途。不過，能夠意識到自己懷有這些恐懼，而且不會心存逃避，反而視之為內心的呼聲以正視問題，卻已經大有用處。倘若雙方皆能勇於表達內心的渴望，也能同時重視彼此的心願，必須說「不」的時候更無需戒慎恐懼，這樣的愛情才能走得長遠。

儘管如此，人生依舊變化無常，並非所有的問題都有解決之道，因此對於兩人有朝一日分道揚鑣的可能性仍應有心理準備。若能認清並接受人生必有轉折與改變的事實，並保持心靈的沈靜與平和，則人生的危機也能成為轉機。

最後還有一個觀點可供思考：

婚姻與獨身皆有不利之處，必須兩者相權，優先選擇仍可補救的一方。

——尚福爾

有意者不妨自行詮釋……。

症狀19

諸事不順

「時時刻刻折磨我們的輕微事故。」

人生不是都一帆風順，有成功、喜悅、意氣風發的時刻，自然也有不幸、挫敗、倒楣、失意的時候。由於我們無法輕易扭轉天地萬物的造化，於是便產生了一個問題：面臨不幸時該如何自處，以免失足而跌入萬丈深淵？

對於時時刻刻折磨我們的輕微事故，不妨視之為天命氣數，用以磨練我們的心志，使我們具有抵禦悲慘厄運的力量，此力量亦不因鴻運當頭而衰竭。——叔本華

生活上的不順心有如家常便飯：落地粉碎的瓷器花瓶、無法發動引擎的車子、經洗滌而混染褪色或縮水的衣物、催繳的帳單、親戚來訪等等，無一不令人心煩意亂。叔本華的指點確實助益匪淺，若是將一些輕微事故與人生挫敗視為一種自我磨練，並且培養鎮定與泰然之心，便能做好對抗厄運的萬全準備。

對於大大小小的倒楣事，我們不該只是忿忿不平，反而應該利用機會從中砥礪自我，設法轉變個人的舊有觀點，並且設法在惡劣的環境中保有心靈的自由。所謂「熟能生巧」！一旦領悟出竅門，你將成為化解問題的專家。

唯有歷經風暴的肆虐，樹木才能站得堅穩而屹立不搖。風暴使它強壯，使它向下扎根、鞏固枝幹，受害的反而是那些生長在陽光普照山谷中的樹木。

——塞內卡

雖然塞內卡的措辭異於叔本華，但兩人的觀點不謀而合：人生遭逢的狂風暴雨威力愈是強大、愈是命運多舛，就愈能不斷地自我鍾鍊、任勞吃苦，對於人生的諸多苦惱就能學習以斯多噶學派講求的從容自若之心相待。肌肉筋骨可以經由鍛鍊而強健，同理，藉由人生的動盪與風暴，亦能培養我們不屈不撓、愈挫愈勇的精神；當然，處世所需的靈活變通性也絕對不可或缺。

若能預先將災難視為可能發生的事情，並保持內心的沈著鎮靜，遭逢變故時便能減少沈重的負荷。原因可能是：事發之前若仔細思考不幸事故的可能性，綜觀事態的全貌與影響所及，則至少能領悟到災難不僅可以認清，也有終止的時候。

叔本華提出一項有趣的策略，有助於我們免於不幸事故。這當然並不意謂著我們能夠阻止命中註定的劫數，反而「只是」透過他的見解贏得重要的觀點，避免因災禍的侵襲而陷入絕望，甚而患病生疾。

——叔本華

訣竅就在於：對於霉運隨時可能上身的事實，必須保持自覺。然而，這樣做絕不是要讓人提心吊膽、悲觀沮喪，若能在平安無恙的生活中抱有居安思危的態度，氣定神閒地思考世間事物的必然過程，便能認清失落、病痛、挫敗或其他厄運有朝一日也可能對你的人生造成衝擊。

誠如叔本華所言，只要不排除不幸事故的可能性，並且預先深思事發之後的影響所及，以了解事態全貌，萬一真有一天陷入危機，也必能處變不驚、臨危不亂。

不妨運用自己的想像力在腦海中勾勒出危機景象，假想最嚴重的狀況與後果，然後思考如何將從前至今所累積的經驗與定靜、泰然之心，轉移並運用在假想的危機情境中，這種方式將能描摹出自己面臨危難時仍然冷靜沈著的模樣。

這種技巧適用於防範未然。透過預先的假想與認識，可免於將來因命運的捉弄而一蹶不振。當然，你也不該完全沈溺在預設的情境中，甚至產生恐懼不安的感受。

智者調身，譬如厚石，風不能移。

——佛陀

儘管佛家思想與斯多噶學派的見解具有明顯差異，但部分結論卻有相近之處。佛陀上述的勸告也極有可能在奧理略、塞內卡的筆下出現：無論處於任何環境，皆要保持不可動搖的泰然之心；要做到如此，唯有超然物外並且不受外界事物的影響而飽受痛苦折磨，具有掌控本身思想與感情的能力也因此不可或缺。飛黃騰達或鴻運當頭時，唯有不得意忘形、陷入樂極生悲的地步，才能切實掌握自己的思想與感情。

若不願成為情緒擺布的傀儡，則應藉由滿足、定靜與放鬆心情的觀點取代極端的內心感受。不過，必須提出的是，並非每一個人都有這樣的意願，因為有些人寧可浸恣在內心的感情世界中，深刻體驗情感的激烈與其間的高低起伏。儘管如此，不論是喜歡從觀眾席的角度看待人生，還是喜歡在舞台上扮演人生悲喜劇的主角，都無所謂——拓展自己的人生絕對是有可能的。

所有發生的事情皆因必要而發生，自然界中沒有善惡之分。

——斯賓諾莎

末了，斯賓諾莎的觀點也能帶給我們一些啟發：是否所有發生的事確實是因必要而發生？而且，原本便沒有善惡之分？果真如此，則「災難」或「霉運」其實是我們自己定義出來的，而且受到定義的影響，使我們認定這些事故為「不幸」。

若是有能力將一顆「和你有緣」的檸檬榨成果汁，必然不會將檸檬視為一種「災禍」。同理，若是認為人生的一切事情皆有助於新認知與新觀點的養成，並促進心智的發展，則這種看法將使你遇事時選擇正面的定義：與其稱不順遂為「歹命」、「倒大楣」或「悲慘厄運」，倒不如視之為「艱鉅的挑戰」，並且認為挫敗是發自心靈的「重要呼聲」；如此一來，你也將賦予人生逆境一個嶄新的意義。於是，欲發展個人內在潛力、化解人生面臨的各種困難，便不再是遙不可及的難事。

症狀20

報仇心切

「行為不善，退見悔吝，致涕流面。」

報仇的滋味雖然令人痛快淋漓，餘味卻非常苦澀。報復心態會釀成許多痛苦，不僅摧毀人生幸福，也經常損害健康，重者甚至賠上性命。以哲學眼光來看，「報仇」一事當然愚蠢至極：只因別人對我們做出惡意之事，便以其人之道還治其人之身，這樣解決問題豈是明智的方法？再者，人們在復仇之後為何會感到無比的解脫與暢快？無庸置疑的是，一個人若是長期懷有強烈的復仇心，實際的報復行動將會讓他獲得短暫的慰藉，但是這種如釋重負的感受非常值得疑慮；另一方面，我們也絕不該任由心頭之恨日益滋長。

最好的復仇方式，便是放棄以牙還牙、以眼還眼的作風。

——奧理略

不必身為虔誠的教徒也能領悟，以同樣惡毒的手段回報對方是不當的行為。奧理略雖然篤信宗教，但更重要的是他身為斯多噶學派哲人，崇尚禁欲苦修，主張「不動心」之說，意指心神不被外物動搖，安如磐石。唯有秉持道德良心為人處世，並擺脫仇恨、憤怒與報復的劣等情緒，才能臻至如此境界。

抑制你的憤怒，將復仇之事交給祂處置，祂比你更善於管理你的問題。

——西勒修斯

就算不如西勒修斯信仰基督那般虔誠，我們還是能夠非常輕易地理解到：不論出於什麼原因，毀滅別人對於心靈的安寧毫無益處可言。原則上，哲學與宗教對這一點的看法互相吻合。此外，西勒修斯上述所言其實具有宗教意義，他暗示我們應把報仇一事交給「祂」處置，因為這類問題屬於「祂」管轄的範圍。西勒修斯所指的「祂」當然是影射親愛的上帝，但是身為復仇懲戒之神，是否還能稱為「親愛的」將不是我們討論的重點。無疑的是，每一種能夠阻止人們行兇的策略多是有道理的。

也有許多觀點指出：整體而言，復仇不僅危險，而且後患無窮。智者與聖人寧可修身養性，保持心靈祥和，因此不懷仇恨。信仰耶穌的教徒唾棄復仇，因為這種行徑有違博愛的戒律。還有佛教徒，他們潛心修行，忘記仇恨，因為他們知道復仇之心將導致業障與惡性的因果報應，而且遲早讓人陷入痛苦的深淵。

行為不善，退見悔吝，致涕流面，報由宿習，行為德善，進睹歡喜，應來受福，喜笑悅習。

——佛陀

由此不難看出佛陀給予「報仇」的等級！別人當然有可能做出對我們不仁不義的事情，若是遭人攻訐毀謗，甚至成為不法行徑的受害者，因而使我們滿腔怒火，自是人之常情；而且，憤怒是一種非常直截了當的情緒，有如突來的山洪爆發，反而使人得以適時解脫心中的抑鬱。復仇的欲望則不然。復仇的想法經常在意識中醞釀滋長，毒害肉體與靈魂；況且，既然別人對我們做出的惡事已經發生，說實在的，我們也無法倒轉時間使一切回復原狀。

能夠採取諒解和寬恕他人的觀點來處世，需要內心的力量與圓熟，若能秉持這樣的立場，將對心靈、精神與肉體的和諧助益匪淺；反之，若是堅持有仇必報而感情用事，事情將落得不可收拾的下場。套用佛陀所言，復仇必然屬於使人後悔的行為：「退見悔吝，致涕流面。」

症狀21 愁眉苦臉

「私心與虛榮常是起因。」

「恐懼」是一種可能具體化並挾帶威脅的感受，相形之下，儘管「憂心」極少出現戲劇性的反應，卻徒增精神上的負擔。憂心忡忡的人當然絕對無法臻至智慧之境，若是陷入苦思惡想，養成絞盡腦汁的習性，則除了悶悶不樂之外還會恐懼不安，甚至因為操心過度而造成頭痛等病痛的折騰。

一個人若是飽受憂愁與痛苦的折磨，或是遭受強烈欲望的刑求，創造能力便套上了枷鎖而無法動彈。唯有憂愁與欲望保持緘默，才有自由活動的生存空間；如此一來，便得以擺脫物質的桎梏，剩餘的則是純粹的思想，亦即純粹的認知本體。

——叔本華

你知道有哪些精彩的舞台劇每天在你腦海中上演嗎？是否曾經體驗過思緒的縈繞迴盪、

漫無邊際？除了處於睡眠、入定、打坐參禪的狀態之外，我們的思緒無時無刻不縈繫著生活上的種種牽絆與負擔。叔本華指出，擔憂、痛苦和強烈的願望不僅讓我們的創造力停滯不前，也會使我們人生在世無法快活。對每一個人而言，擺脫事事擔憂的性情都是有益健康之事，但是對追求智慧的人來說，卻是不可或缺的先決條件。唯有摒除頹廢消沈的念頭，保持心靈無拘無束，才有可能臻至內心明澈與豁然開悟的境界。

在對方不願接受的情況下，要惹他生氣絕無可能。

——史雷格

憂慮既讓人痛苦又傷人體力，因此在領悟出擺脫憂慮的重要性之後，仍然產生的一個問題便是：如何平息煩憂的思緒。史雷格明確指出，是否要讓負面思緒激怒自己在於個人自身的決定；我們必須認清的是，引發憤怒、煩憂與畏懼的肇因極少是外在環境因素，反而幾乎是個人內心的因素。

當然，在很多情況下，擔心的理由看來相當充分，譬如對罹患重疾的好友憂心不已，或是擔憂自己的財產在十年後貶值，甚至因寄望子女成龍成鳳而大傷腦筋。我們暫且不談對健康狀況的憂慮，不過，金錢的患得患失、未來的惶恐不安，都會損害我們的軀體、精神與心靈。

君子謀道不謀食。耕也，餒在其中矣；學也，祿在其中矣。君子憂道不憂貧。

——孔子

你能將所有和工作升遷有關的煩惱都拋到九霄雲外嗎？總是有操不完的心嗎？是否願意採納新觀點，省去因憂慮而耗費的心力與精神？舉例而言，與其集中心神於身外之物，如功名成就，不如專注於有益心境恬適與身心和諧的方法；如此一來，便能淡泊心志、不慕名利，進而減少浮躁不安的情緒。

醞釀憂慮的根源便是監控和操作世間事物的內心欲望，這種欲求雖然不理智，卻也是人之常情。愈想控制事物的運作，隨之而來的苦惱也就愈多，因為試圖使一切如己所願的結果，便是必須不斷地竭盡心力與思慮。

不論我們對自己的憂慮有何藉口，私心與虛榮經常是起因。

——拉羅什富科

拉羅什富科的說法雖然不是十分圓滑，卻仍然點出關鍵所在；大多數憂慮之所以會產生，確實只是私心與虛榮作祟罷了。不妨思考一下是什麼原因讓世人平日費盡心思：例如，新髮型真的散發魅力嗎？水電工明天能準時開工嗎？還有靠窗的機位嗎？趕得上下一班公車嗎？可以成功減去四公斤的贅肉嗎？

當然，也有一些憂慮是無可厚非的，譬如對於個人財產、經濟或健康狀況的隱憂；然而，所有的憂慮背後卻藏有相同的心態：不是擔心可能發生已所不欲的事情，就是擔心自己無法如願以償。

任何苦惱和煩憂的前提便是私心，即使是看來無私忘我的憂慮也不例外。如果為了家中病懨懨的小狗操心傷神，因為牠已經有些歲數，而且近來的健康狀況也著實令人擔憂，則除了同情之外，必然也希望心愛的小狗能夠平安無事地活下去。

持而盈之，不如其已；揣而鋭之，不可長保。金玉滿堂，莫之能守；富貴而驕，自遺其咎。功成身退，天之道。

——老子

無憂無慮的訣竅便是少私寡欲。對於世間事物，不論欲求取、欲保有、欲改變還是欲迴避，只要欲望愈少，就愈沒有煩心的必要。

和擔憂世間萬物相反的心境便是超然物外，唯有能捨，才能抱持信賴之心。不僅要信賴人生，而且要相信冥冥之中自有安排，如此才能排難解憂、恬靜安適，進而免除頭痛與胃潰瘍的糾纏。

症狀22

生性好辯

「以其不爭，故天下莫能與之爭。」

你曾經觀察過爭吵的情形嗎？除了兩個人或一群人以逐漸升高的音量互相指摘叫罵之外，在鬥嘴的人身上也非常容易觀察到一些心理變化：內心的激動持續上升，自律神經產生反應，血壓增高，兩頰發紅，手掌出汗，情緒緊張不安。這一切不但讓碰巧撞見的目擊者感到惱怒，更糟的是破壞了當事人的心緒安寧。

或許，即使有違本性，你仍然喜歡和別人爭吵。化解這個問題的方法就在於思考紛爭的原因——亦即以哲學的角度探討「紛爭本身」的來龍去脈。

造成意見紛歧的「自然規律」運作如下：你透過個人經驗的累積，養成了某種主見與觀念，這時另一方也有自己的見解，對事情的看法和你大相逕庭；不過，這並非是故意挑釁你，只是個人的想法與觀點純粹不同罷了。理論上，你不妨嘗試在不抨擊對方的情況下表達自己的意見，並且感興趣地傾聽對方的觀點，在這種情形下自然就不會產生爭吵了。

之所以會演變成爭吵的原因，不外是自以為本身具有真知灼見，完全將對方視為不明事理的庸人蠢才。這時事態本已不妙，更糟的是一場口舌之爭也就此展開。

若不是因為雙方都同時有理也同時無理，爭執便不會僵持不下。

——拉羅什富科

爭吵時多半懷有爭取公道的意圖，或者至少陷入一種自以為有理的錯覺。以哲學觀而言，這兩者皆是值得疑慮的心態；更何況，永無止息的紛爭經常和為人熟知的道理或可考證的事實無關，反倒與個人主觀密不可分。

例如，「大象有長鼻子」這樣的說詞便很難引發爭論，除非遇到不曉得大象這種動物又無法置信世間有長鼻動物的人，或者遇到誤將犀牛當成大象的人，但是這兩種情況都不太可能。

反之，以心理學的觀點論之，像「你不該再豪飲下去」這類的規勸就非常容易引發問題，並且經常導致日常生活上的爭端。甲方認為乙方過度戀酒貪杯，摧殘自身的健康，實在是愚蠢莫及、理智盡失；乙方卻不認為自己是個酒鬼，反而覺得晚上「小」飲三、四杯能使身心健康舒暢，因而不以為意。在這類和其他各種不同的爭論中，總是會發生雙方意見分歧、甚至世界觀相互對峙的狀況，所以避免爭端的有效方法便是承認並接受以下這個事實：不僅只有我自己，還有對方，兩者各站在自身的立場說話，也因此各有道理。誠如拉羅什富科所言，雙方總是同時有理，因此據理力爭。

想要使生活免除紛爭的困擾，就要認清大家各自有理的事實，或者完全相反：雙方皆不可理喻、無理取鬧。如果能夠嘗試接納別人的觀點——儘管最初會感到有些陌生——就可以從自己愈來愈狹隘的舊有觀點中破繭而出，並且培養出明辨是非的能力；不過，這裡還有另一個訣竅：

除了與自己氣味相投的人為伍之外，其他所有的交遊皆屬不良。——尼采

尼采的建議雖和前面提到的方法——以他人立場設想——形成明顯對比，卻也同樣是避免爭吵之道。尼采認為，並非每個人都耐得住性子和世人愚蠢荒謬的看法糾纏不休；另一方面，尼采之見所蘊涵的智慧，便在於迴避那些和自己秉性完全迥異、甚至光是見面就感到憎惡不已的人。儘管博愛之心非常重要，但是對於心緒容易激動的人而言，若是極力勉強自己和三教九流都相處融洽，則有害健康；況且，有些人也的確讓人心生厭煩。

因此，避免紛爭並保持心靈和睦既方便又不失效果的方法，便是謹慎交遊，不與昏庸愚昧之人為伍。這種做法雖然不免有些驕傲，效果卻頗佳，畢竟近朱者赤、近墨者黑，我們總是或多或少被周遭的人影響。印度哲學代表作《瑜伽素食》第一章便如此寫道：

暴飲暴食、苦心勞力、多言、誓願、運動不當、惡人，此六種損害心靈之解脱。

當然，你不需立即對瑜伽追求的心靈解脱感到興趣，即使對你而言，個人身心的健康安適才是首要之務，但防止固執己見和爭端依舊是明智之舉；特別是應當避免和頑固不靈者發生意見分歧，因而陷入激烈的衝突。

爭執總是起源於觀點的迴異，大多較少發生在好友之間；然而，分辨「善惡」之人卻不盡然輕而易舉，況且具有哲學修養的人將會謹防提及「善」與「惡」。一個人若是裡外不一，做善事的同時腦海中卻藏有惡念，仍然是個好人嗎？另外，究竟何謂「善」？善的定義又是如何？

你也知道這一切並沒有這麼簡單，想要迴避紛爭對某些人很容易，對另一些人則困難無比。想當然爾，孔子可能也有同感：

益者三友，損者三友：友直，友諒，友多聞，益矣；友便辟，友善柔，友便佞，損矣。

可以推測的是，思想偏激、自私或自以為是的人，傾向於挑起爭端是非；若是真遇到孔子警告的其中一種人，要閉上嘴巴姑息縱容確實很難。

值得記住的是：可別請「損者三友」到家中享用下午茶，也不要在偶然的邂逅中便對他們推心置腹。除此之外，對於平日與我們共事的人，我們卻沒有選擇的餘地。也許你的同事、上司或配偶喜歡抬槓找麻煩，冥頑不靈或愚昧無知；在這種情況下，要擺脫這樣的人並不容易。

假若必須和難纏之人相處，不禁心生厭惡與反抗，則道家思想主張的「無為」將十分受用。你僅只了解與你共事的人十分棘手，甚至對你惡言相向，卻沒有認清自己的心緒安寧與身心健康將因此受害。

以其不爭，故天下莫能與之爭。

——老子

所謂孤掌難鳴，單是一方有心爭吵是很難得逞的。此例除了不適用於一些精神病患之外，一般說來，只要沒有其他異見，就沒有引發爭執的導火線。如果不願意和他人吵嘴，就沒有人能夠迫使你捲入一場口舌之戰。

可能會有些人提出異議，認為在任何時候都放棄己見、附和他人之見，豈是避免紛爭的要領！畢竟在現代西方社會中，表達意見時自信滿滿、聲音宏亮且堅持到底總是備受敬重。譬如，某些政治人物或脫口秀節目的貴賓愈是振振有辭、自吹自擂，通常就愈受歡迎。

獲得群眾青睞和愛戴確實多和本身的談話內容少有關聯，反倒是和音量大小、反覆申明己見密切相關；然而，口若懸河、滔滔不絕的能力對於心境平和影響甚鉅：多言，則無法安寧。

知者不言，言者不知。塞其兌，閉其門，挫其銳，解其紛，和其光，同其塵。

——老子

追求智慧者不固執己意，智慧與認知使他放棄多言，卻也絲毫無損他的自信。若能和老子一樣，認清自己的智識有限，知道自身的洞察力與思維混沌迷亂，必然會知道世人的處境皆相同。

對付愚昧荒謬的說詞最好的方法經常是微笑以對，索性放鬆心情讓對方繼續講下去吧！萬一與你共事的人確實較你資質聰慧，與其硬要發表自己的愚見，倒不如保持沈默，對你自己也絕對不會有所損失。

意見不合、交遊不慎和喜歡挑釁並非導致紛爭的唯一因素，人際之間的小摩擦經常也是彼此缺乏溝通的象徵，感到自己不被了解的人很容易心生惱怒。

大多數爭執之所以會發生，是因為人們無法正確表達自己的想法，或是遭到誤解。

——斯賓諾莎

假如你在巴黎向一位警察詢問火車站的位置，但是你既不懂法文又無法以手勢表達清楚，最後可能找到了艾菲爾鐵塔；若是之後又遇到那位警察先生，因而將自己迷路的遭遇怪罪於他，則是非常不明智的行為。所幸要和他當眾罵街並不容易，因為語言不通造成的隔閡使你無法確實提出質問；然而，在擁有相同語言的人之間，以夫妻為例，又是如何呢？照道理來說，夫妻之間的相互了解應該非常容易，不過，想必你也知道這只是一般誤解罷了！儘管彼此擁有相同的語言，卻仍經常感到不夠相互了解與知心，許多爭吵於是接踵而來。斯賓諾莎一生不斷遭受誤解和攻擊，這也難怪他指出了人際之間存在的溝通障礙。

避免紛爭的其中一項方法，便是盡可能清楚地自我表達，唯有確實反躬自省並了解自己的思緒，才能做到這一點；不過，掌握與了解自己的思緒並不都是容易的事，有時費點心神是絕對必要的。除此之外，想要了解別人，同樣也需要某種程度的努力和用心，我們應當時而詢問對方真正的意思、想表達的意見，並瞭解對方內心的壓力、想要改變的事情，以及心中的期盼與喜悅等等；如此一來，「爭吵」就沒有蓄勢待發的機會了。

症狀23

黯然神傷

「失去時勿茹泣吞悲。」

儘管人生充滿令人欣喜雀躍的時刻，卻也沒有人能夠倖免悲傷的痛楚。悲傷完全是人之常情，協助我們排解並平復內心的失落感。正因為失落是人生無法避免的過程，所以悲傷的心情也就無法避免；不過，仍不乏有哲學家認為悲傷是弱者的情緒表現，因而極力反對：

獲得時勿驕矜自傲，失去時勿茹泣吞悲。

——奧理略

奧理略勸告世人，不可因遭受打擊而懷憂喪志。應當注意的是，奧理略為斯多噶哲學的擁護者，對他而言，任何情感衝動與情緒化皆與理性背道而馳，值得疑慮，而且敗壞斯多噶學派的中心思想：不被外物動搖。

培養穩如泰山的心境與不可摧毀的定力，避免因嚴重的損失而陷入憂傷抑鬱，確實有方法可行，但是問題就在於你的意願了。你或許寧願痛哭也不願壓抑自己的哀傷，但壓抑也不是承受悲痛的唯一選擇。若是清楚地認知整個來龍去脈，對於化解悲傷的情緒則助益匪淺：「我為什麼傷心難過？我失去了什麼？失物再也無法挽回了嗎？還是我自己這麼想而已？有失也會有得嗎？我的不幸遭遇也有光明的一面嗎？或是能使我經一事長一智？世間事物就是這樣來來去去、有相遇也必有分離嗎？悲傷的情緒也可能是反抗命運的象徵嗎？有益處可言嗎？能使心情獲得發洩與排解，還是反而容易抑鬱成疾？我應該接納哪些觀點，才不至於因悲傷而喪失對生活的感受力？」

對於那些在朋友辭世時想要袪除哀傷與眼淚的人，我便告訴他們，毫無悲痛的心情若演變成無動於衷，將會導致更嚴重的弊端，也就是冷酷、虛榮與喪心病狂。因此，最好是適度地陷入痛苦與哀戚，甚至是淚光閃爍、真情流露。

——伊比鳩魯

拒絕悲傷根本是多此一舉。誠如伊比鳩魯所言，倘若處於令人極其哀痛的狀況——如失去親愛的人——內心卻沒有痛苦，則根本不是智慧的表徵，反而是冷血無情。我們不該把悲傷完全驅逐於人生之外，因為悲傷之情畢竟是人性的表露；況且，完全棄絕悲傷必然再也無法對歡愉的感受有深刻的體驗，狂喜不禁的人也有悲痛欲絕的時刻。雖然喜悅與哀傷無疑是強烈的情緒感受，卻沒有逃避的必要。別忘記：即使是最猛烈的情緒也無法永遠存在，而是有如氣勢滂沱的雷陣雨，來得急也去得快，最後消逝無蹤。

每一次別離都有麻痺的作用，人們的緬想和感觸其實比想像中還少：因為內心的力量將促使我們克服心中的不捨。

——赫德

每一次告別與分離都會令人傷懷，不過，一旦發現別離其實沒有想像中那樣沈痛，自己經常感到意外。當你被另一半拋棄或兒女離開身邊各奔東西，甚至是自己必須遠離居住的地方時，若不是滿臉淚涕縱橫，難道就一定是麻木不仁的表徵嗎？必須割捨的時候，超然灑脫難道不也是一種處世變通的正面心態嗎？或者正如赫德所言，內心的堅毅將會麻痺我們的感受，克服悲傷的陰霾？

見身如沫，幻法自然，斷魔華數，不睹生死。

——佛陀

死亡不就是最常引發悲慟與懷疑的事情嗎？這種無可挽回的定局總是在家屬和親友的哀痛中抹上了陰影；然而，即使是這種已成定局的悲劇，也會受到個人看法的影響，因為每個人對於親友撒手人寰、甚至對於距離自己愈來愈近的死期反應不一。舉例而言，相信死後升天或投胎轉世的人，對於不幸也較能泰然處之；至於如何處理發生的事件，個人的人生哲學當然也經常扮演決定性的角色。

佛陀將生命喻為泡沫與幻法。夢幻泡影皆為虛無縹緲之象，我們的意識因有其局限而易受矇蔽，因此說不定有一天將會「從如夢似幻的人生中清醒」，就像每天早晨從睡夢中醒來一樣。

死亡本身與我們毫不相干，因為消逝的事物沒有感受，沒有感受的事物便與我們毫無相干。

——伊比鳩魯

與悲慟哀戚之情密切相關的死亡問題當然不斷地在人們腦海中縈繞，死亡帶來的威脅雖然造成各式各樣的恐懼，卻也是可以削減的，條件並非是成為虔誠的宗教信徒。不過，若是相信自己和親愛的人死後將往生極樂或至少轉世為人，當然是一件美事，而且說不定果真如此！但是，若撇開不談，我們應該思考伊比鳩魯的見解，亦即死亡本身與我們其實毫不相干。

人類是具有感受力與生命力的生物，只要擁有感受的能力，便能思考各種事物，體驗人生的喜怒哀樂。至少從腦部生理學的角度來看，當生命跡象消逝時——亦即死亡——人們所有的感受自然就隨之停止。在這一剎那，雖然必須割捨一切喜樂、痴醉與幸福，然而煩惱、憂愁、苦痛與磨難也將煙消雲散，這何嘗不是一種解脫！

症狀24 難分難捨

「直到離開市區，才會見到尖塔高聳於房屋之上。」

必須與心愛的人或物分離，無疑是人世間最苦也最悲涼的體驗。早在兒時，人們便對離開喜愛的事物感到不甘不願，當一個幼童正和新朋友玩得起勁，或只是在玩具店瞥見好玩的東西，這時若試圖催他回家，他鐵定立即翻臉；不無可能的是，你將與「強烈的情感」對峙。

分離使微弱的情感逐漸凋零，使強烈的情感滋長茁壯；猶如風吹雖使燭火熄滅，卻使烈火燃燒。

——拉羅什富科

誠如拉羅什富科所言，離別會讓激烈的情緒一觸即發。這當然不是巧合，分離效應恰好使得人們意識到失去之物的可貴。你或許曾經體驗過，從前並不十分在意的事物，卻在即將失去的一剎那間變得珍貴無價。

舉例而言，在風光旖旎的海灘歡度十四天的假期，直到最後一天準備搭機返鄉時，一種莫名的傷感悄然襲上心頭，因為突然意識到周遭美麗的景致而離情依依；或者，雖然手帶腕錶，卻因習慣而幾乎感受不到它的存在，但是就在手錶遺失之後忽覺萬分想念。因此，分離的好處便是使麻木的情感得以復甦，猶如死灰復燃。

若是從某物中獲得無窮的樂趣，那就告別吧！一生只會體驗一次。——尼采

尼采提出的觀點則具有幾分現代感：在最完美的時刻到來時，應該見好即收。人生變化莫測，分離也因此是無可迴避的認知；這雖然不見得屬於偉大的哲學觀，卻總是不斷被人遺忘。若是認清世事的不可捉摸與無法掌握，便能將生命賦予我們的美好一切視為暫借之物，除了盡情享受之外，也應把這一切視為一生一次。

此外，如果知道有朝一日終將離開心愛的人事物，你的內心也許就能較為釋懷，進而對世間萬物的造化心悅誠服。不過，還有一個問題便是：尼采所言真的有道理嗎？當人生正值春風得意之際，卻要在此時退身、淡出？毫無疑問的是，美好的片刻和親愛的人終究無法挽留，但若只因對人生結局心生畏卻，就蓄意結束美好的一切，也根本沒有必要；舉例而言，懂得享受生活情趣而樂在其中的人當然沒有理由因此輕生！只要我們心裡意識到人生的絢麗璀璨不見得還有第二次，其實就已足夠。

對於想要衡量與認清的事物，必須至少遠離一段時間。直到離開市區，才會見到尖塔高聳於房屋之上。

——尼采

有時，分離是極其有益的方法。難道你不曾有過「離開」的想法，以便在幾步之外觀察事態或看清人物？隔著一小段距離，將會留意到近在眼前時無法暴露出的疑點。

你是否曾經嘗試將某個問題冷卻一段時間，讓心神保持清醒？轉移思緒的目標，並且禁止自己陷入苦思惡想中，才能一步步接近解決問題的方法。即使必須與鍾愛的人分開或是告別心愛的地方，仍然可以利用這個機會，以全新的角度思考並衡量過去的種種；如此一來，離別反而協助我們贏得新的認識，而不見得總是命運的捉弄。

去離憂患，脫於一切，縛結已解，冷而無煖，心淨得念，無所貪樂，已度癡淵。

——佛陀

根據佛陀的看法，分離並非壞事，而是解脫與超然的必要條件。解脫的感受確實能讓身心受益匪淺，但若是沒有分離，就無法獲得解脫。萬一無法忍受討厭的事業伙伴、怨天尤人的人生伴侶、不良的居住地方、毀滅性的思考方式等等，因為它們在在阻礙你的自我發展，則可能唯有「分離」一途才能使你重拾健康並獲得解脫。

佛陀勸告世人應祛除憂患，打破所有導致內心不安與狂熱的束縛；然而，世人多對分離心生畏懼，不但害怕離開美好的事物，也害怕祛除不良習慣與習以為常的錯誤。可能只有在潛意識中才知道分離會使人生充滿扭轉的契機，畢竟誰又喜歡分離的滋味呢？總之，我們必須決定的是：無條件將自己交付給生命的自然流程，放棄緊握塵世俗物的欲望。

> 偶爾應當如此看待自己擁有的一切：想像失去之後的處境，而且不論對象是財產、健康、朋友、情人、妻子、小孩還是馬和狗，大多在失去之後方知珍貴。
>
> ——叔本華

如何確實珍惜我們擁有的一切，叔本華也提供一項有效的策略：若是將賦予我們歡樂的一切視為世間短暫的過客，並想像這些人事物終有一天會棄我們而去，將不難使我們培養一顆感恩的心；一旦真的失去曾經擁有的，也必能冷靜沈著地因應處理，因為你早已做好了心理準備。

症狀25

失去自由

「人生而自由，卻無時不在枷鎖中。」

自由究竟有多麼可貴，恐怕唯有親身經歷和體驗過寄人籬下的深刻滋味方能理解，曾經領會過的人並不在少數。此外，每個人或多或少也都有失去自由和受到限制的體會，具體的例子如囚犯、在輸送帶前工作的人、中小學學生、辦公人員、婚姻不美滿的夫妻、異教分子、老菸槍，還有無數在暴政統治下求生的民族。受壓迫的程度若是愈強烈、無法獨立自主的情形愈明顯，對自由的嚮往就會愈加熾烈，歷史上許多戰爭、革命和政治上的改朝換代都是拜人們渴望自由之賜而產生。

自由是一種肉體、心靈、精神皆能感受到的狀態，這種狀態無論如何總是令人感到快意暢懷與滿足喜悅；反之，仰人鼻息、無法獨立自主的生活則會引發介於輕度懷疑與嚴重絕望之間的情緒。

若是覺得自己的自由空間十分狹隘，並且因為生活上的牽制與依賴而壓力沈重，則心緒安寧、個人發展潛能、尤其是健康狀況，都會因此嚴重受損。「自由如飛鳥」的心願即使有些天真，卻也是人之常情，畢竟嚮往飛鳥的無拘無束來自於對飛翔與自由的聯想。其實，鳥類擁有的自由並不充足，因為不論是脊椎動物還是其他動物，都缺少獨立自主的決定能力，其行為受制於本能欲望的驅使，因而仍是不自由的一種形式。

當我們感到拘束牽絆時，通常會設法改變外在條件，譬如和伴侶分道揚鑣，或是至少到摩洛哥度假兩週，這種對自由的渴望絕對是明智且必要之舉。若是覺得自己淪為現實環境的奴隸，無法在某種程度上對事物掌控自如，則這種感受將會逐漸化為恐懼、不安與抑鬱的情緒，甚至身體也會出現不適症狀，此時若不加以改善，便是不智之舉了。自主自決的渴望本身並沒有錯誤之處，錯誤其實在於追求自由與解脫的方式。

> 並非是雙臂的力量，而是澄靜無雜念的心境，使人獲得獨立與自由。寡欲之人依賴的事物少之又少。
>
> ——盧梭

推翻政權或只是從一成不變的工作中逃離幾天，都需要一些努力。為了爭取更多的自由與獨立，人們經常負荷著非比尋常的緊張壓力；相形之下，藉由嶄新的觀點臻至逍遙自在、無拘無束的心境，幾乎是輕而易舉之事。獲得新觀點的最佳要領，便是思考「依賴性」這個主題；當然，在你讀到這裡時，便已經在思考了。

如果有興趣，不妨參考下列幾項思考方向：「依賴性」是否自然而然地在我們身上產生，就好比別人將一頂帽子套在我們頭上，儘管這頂帽子一點也不合乎我們的品味？依賴性如何形成？如何被我們一再保持？如何戒除？

「不自由」的形式林林總總。如果某人入獄服刑，因監禁而喪失自由則不言而喻：囚犯無法再隨心所欲地來去自如，必須留在沈悶乏味的牢房裡。也有人受到整個家庭的牽制而不能脫身，雖然很想擺脫家人與一切，卻因為對禮俗有所顧忌，或是缺乏合適的管道，因而作罷。於是，儘管家庭不睦，卻繼續養家活口，維持生計。也有人憎恨自己的工作、老闆、同事甚至整個企業，但是為了房租、汽油、三餐飲食，不得不忍受。還有人因為肥胖而亟欲減輕體重，卻總是禁不住內心的一股蠢蠢欲動，最後還是向奶油蛋糕投降。上述情況雖然各有差異，但是當事人都不得自由，也因此不能自主。

接下來我們仍要引用盧梭的格言。盧梭不僅言之有物，亦被視為極其崇尚自由的哲人。他沒有大學文憑，完全自學進修，而且曾經是個具有怪癖的無用之人；儘管如此，他還是反抗社會上的每一種區分與歸類：

人生而自由，卻無時不在枷鎖中。

有無數的人就有無數的不自由。舉例來說，我們可能對人、地方、工作、讚美、金錢、愛情、電視、法律、政權、早餐桌上的水煮蛋，以及其他各式各樣、形形色色的事物養成依賴性，因而變得不自由。試問：我們能夠擺脫這些的依賴嗎？依賴性有先天與後天的區別嗎？對每天三餐的依賴，是否比起對愛情或金錢的依賴更容易讓人理解？

在所有的依賴性中，和維持生命的必然過程無關者，則是由個人本身的需求引起的。願望愈多就愈不自由，如果你每天早晨清醒時習慣讓枕邊人獻殷勤，耳語噥噥地保證你是世界上最完美的人，那麼只要你的伴侶停止灌迷湯——因為分居、改變看法或只是聲音嘶啞——你的樂趣將立即消逝無蹤。

不自由的程度強弱取決於欲望的多寡，能夠安居於木材屋並心滿意足的人，其依賴性遠少於因別墅化為灰燼、新車刮傷、小孩成績不佳、游泳池暖氣失去功能、胡椒奶油牛肉口感不夠滑嫩而陷入絕望的人；若是對許多需求產生依賴，就容易感到失望。

不過，除了本身的需求之外，習慣也會導致不自由。若是在生活上已經習慣某個人的存在，突然失去對方時，內心的打擊可想而知。也許我們不需追求完完全全的自由，也不需擺脫所有的依賴性，因為有些已經在我們心中佔有分量。

若是自以為可以完全不再依賴任何人，將會惹人嫌惡。

——沃維納格

對於某種程度的不自由，應該以平常心接受。依賴性的另一面便是「無法完全避免」，我們需要空氣、飲食、別人的噓寒問暖與尊重、幾雙鞋子等等；換句話說，想要沒有一絲一毫的依賴性不但根本不可能，而且冷酷無情。每當我們做出一項決定時，彷彿也訂立了人生契約，即使將來可能對自己的抉擇有所後悔，這些契約仍然以責任與義務綑綁著我們。

自然界的最高法則並非平等，而是從屬關係與依賴性。
——沃維納格

沃維納格這句話雖然不太能夠鼓舞人心，但我們必須正視的道理是：天下萬物皆相互依附生存，外在的自由只是虛幻不實；自由若是遭受濫用，將演變成純粹自私自利的行徑。再者，我們「帶著」肉體來世一遭，何嘗不也是「自討苦吃」？因為我們必須時時滿足本身肉體的需求，無法從中解脫。

所幸，憑藉著內心的獨立自主，問題便容易化解多了；如此一來，即使處於人生的逆境，飽受煎熬與折磨，卻依然可以保持內心的從容自在。

心甘情願遵從命令的人，避免了依賴性最苦澀的一面：強人所難。不快樂並非奉命行事使然，而是出於不願。因此，面對自己必須做的事情，應該出於自願。

——塞內卡

塞內卡的建議雖然很簡單，卻不失為極具效益的訣竅。當你謹慎區分了人生中可避免之事和必要的依賴性之後，再過濾掉可避免的事物，剩下的便是無可避免之事了。邏輯確實成立！該如何處理有待進行的工作、必須支付的房租、陷入僵局的感情關係？甚至面對必須整理的床鋪、必須修剪的花園、必須購買的牛奶，又該如何解決？如果參照塞內卡的建言，以發自內心的意願完成必須進行的事務，外在的束縛就無法擾亂我們內心的悠遊自在。

不過，做到這一點的必要條件，便是摒棄舊有的不良觀點，並重新定義事情：愛惜自己的工作，使長才得以發揮；珍愛自己的伴侶，使彼此更相知相惜；愛護自己的住家與花園，使生活充滿美感、秩序與舒適；樂意上超市購買牛奶，使早餐更豐盛……。

症狀26

滿腹牢騷

「君子素其位而行，不願乎其外。」

不滿足，無異是心緒安寧的頑強剋星之一。不滿足的人不僅跟自己過不去，也讓周遭的人無法忍受。伊比鳩魯曾經警示世人不該喜新厭舊、不斷追求別人擁有的東西。試想：我們現在擁有的東西確實也曾經是我們過去衷心期待的。

只有當我們的思緒纏繞著無數願望與欲求時，內心的不滿才會應運而生；反之，若是沒有潛藏的希望與渴求，就能心滿意足，也就是所謂的「無欲而自得」。

我們的錢財使我們獲得自由。若是對錢財窮追不捨，則使我們遭受奴役。

——盧梭

並不是所擁有的東西助長你的貪念，而是渴望擁有自己沒有的東西；以盧梭之言為例，金錢使人貪婪，因而失去自由。人們總是因貪得無厭而以為錢財不敷使用，以至於經常一副滿腹牢騷、悶悶不樂的模樣。

若是剖析欲望，就會發現其內部構造既簡單又相當容易透視。想必你自己一定也曾經觀察過：外物的吸引激起內心的渴求。譬如，在旅行社望見一張美麗的風景照，照片中呈現出的海灘如詩如畫，只可惜距你十萬八千里。於是，就在視覺上的信號刺激了腦部中樞後，你的腦海中便產生了「我要去那裡」的想法與希望，此時一場介於現實與理想之間的內心交戰便開打。最後，你可能還是處在寒冷的德國或奧地利境內，無論如何也不是朝思暮想的海灘。這種結局的矛盾與分歧助長了「感到匱乏」的情緒：渴望自己缺乏的東西，很快地內心便開始感到不滿足；如盧梭所言，追逐物欲者反而受物欲奴役。

君子素其位而行，不願乎其外。素富貴，行乎富貴；素貧賤，行乎貧賤；素夷狄，行乎夷狄；素患難，行乎患難。君子無入而不自得焉。

——孔子

消除不滿確實有最簡單的對策，亦即專注於其「反作用」：滿足。孔子強調君子心滿意足，能夠隨遇而安，不為外物所動。超然於財產、功名、地位與聲名之外，才能保持內心的滿足，不論環境如何險惡困阻，也能泰然自若、樂天知命。世間有富貴與貧窮的人，也有滿足與不滿足的人，但若是相信富人較窮人更能心滿意足，便是一種謬誤。

快樂幸福的人之所以謙沖為懷，是因為幸福賦予他們心緒安寧。

——拉羅什富科

幸福美滿的道理其實較我們想像中還要簡單。如果長久的渴望終於如願以償，或是買了一部新轎車，當然會感到喜不自勝。可惜這種快樂無法恆久，因為你會逐漸習慣你的新車，而你的滿足終有一天也會消失無蹤，甚至可能對你的車子不再感興趣。外物的誘惑力是稍縱即逝的，所以當吸引力不再時，自然就需要新的誘惑——於是，不滿足的情形便有如惡性循環地滋生不斷。

若欲臻至心滿意足、安適和樂的境界，則必須嘗試新方法。拉羅什富科認為，幸福快樂、謙虛自牧和內心安適三者密切相關，不知足使人心緒不寧，而幸福快樂使人心平氣和，心平氣和亦使人幸福快樂。因此，若是嘗試改變舊有的觀點，認清不知足的心態將會導致永遠不停的惡性循環，便能重新整理自己的思緒與想法。與其不斷滋生新的願望，以為只有達成心願才能獲得幸福，不如努力培養虛心謙讓、安和閒適的性情和感恩心。

光是一個感謝上蒼的念頭，便有如完美的祈禱。

——雷辛

只有心懷感恩才能使你知足。「只有」一詞或許有失恰當，因為事情也沒有這麼簡單。雷辛將感恩比喻為完美的祈禱，的確，對於生命中的珍貴時刻或因緣際會，清醒明智者較心志混沌不清者更能發自內心地感謝一切。因此，鑑賞世間之美的能力是一種臻至內心滿足的有利條件。

人生路上即使再多阻礙，仍應培養觀天下之美的能力：聽起來確實帶有些許宗教層面的意義。基於這個原因，雷辛的比喻就很有道理，至少人們相信創造萬物的上帝。話說回來，這只是看待世間事物的其中一種可能方法而已。

黑格爾便針對幸福與知足提出另一種觀點。他建議我們應該享受人生，但是唯有創造適合自己發揮並符合個人本性的環境，才能擁有幸福快樂的人生：

> 使生活條件適合於本身特性、意願與脾氣的人，才能享受自己的人生，因而幸福快樂。

魚只有在水中才能愜意，喜愛鄉間生活的人在大都會中將抑鬱不樂；同理，歌手必須高歌，畫家必須繪畫，科學家必須研究，經理必須經營管理。因此，若是喜愛安和靜謐的生活，便應該發掘自己真正想做的事，繼而發展個人長才以實現夢想；若能成功做到這一點，就不會怨天尤人、滿腹牢騷了。

症狀27

胡思亂想

「偉大的人物未嘗不具有一點瘋狂的想法。」

患有嚴重病態性妄想症的人，理所當然必須立即接受精神科醫師的診治，以免因為輕忽而延誤病情；不過，接下來要探討的「妄想」，意指歪曲事實，也就是一般所謂的「荒唐或瘋狂想法」。妄想向來便是哲學的天敵，因為幻想和錯誤信念使人難以尋求真理和追根究柢。

我不曉得誰曾經聲稱信仰能夠移山，雖然截至目前為止，信仰從未能移動真正的山，卻有辦法在無山之處造出山來。

——尼采

尼采將信仰列為荒誕之事十分稀鬆平常，畢竟尼采的哲學闡明了上帝不過是弱者的幻覺而已。上帝是否真如尼采所言「已死」，世人很難斷論，但是信仰的確潛藏著危險，因為信仰會在個人身上造成相當可觀的壓力；況且，篤信某種事物的人通常不再用心探尋與求知。哲學的其中一項特質，就是不太能通融人們心中的信仰。

當許多信仰虔誠的人開始懷疑自己一向深信的事物時，確實會陷入絕望的深淵。家用哲學藥箱的任務當然不是要改變人們的正確信仰，畢竟，相信神靈的萬能可使人們行善祛惡，使人生更輕鬆愉快、更有意義。不過，對於自己相信的一切事物，或許也應該仔細檢視一番，以辨明自己是否生活在不切實際的心願與幻想中，這當然也包括了各種不良的迷信與荒唐的念頭。

嘻笑與打趣是純粹的喜悅，因而只要在避免過度不當的範圍內便是有益的。事實上，只有陰沈而悲傷的迷信才會禁止心情開朗。

——斯賓諾莎

迷信的產生極少來自於純粹的天性或超自然現象的啟示，反而是外來因素的影響，如教育、社會等，經常造成迷信的趨勢。譬如，在德國極其罕見的巫毒教崇拜，在海地卻是司空見慣；而源自於印地安傳統的薩滿祭司，對於崇拜聖母瑪利亞當然一點也不感興趣。信仰和迷信通常都不是與生俱來，反而是經由文化造成。因此，若有必要，迷信是可以戒除的。

不過，妄想的問題究竟為何？難道不該隨心所欲地擁有自己的信仰嗎？冒險對自己的迷信、甚或是宗教信仰提出質疑有意義嗎？

以實用主義的觀點而言，能夠擺脫阻礙人生幸福與內心自由的荒唐念頭是再好也不過了，因此斯賓諾莎指出，「只有陰沈而悲傷的迷信才會禁止心情開朗」，並且剝奪人生的樂趣。基本上，任何一種形式的迷信當然都會壓迫和束縛迷信者，憂鬱的想法有時甚至可能演變成極端的恐懼和精神錯亂，更遑論獲得心境的安寧了；不過，伊比鳩魯在《格言錄》中說道：「束縛雖是一種痛苦，卻沒有人逼迫我們在束縛中生活。」

> 雖然自然界拒絕賦予我們許多知識，使我們無可避免地對某些事物感到無知，但是自然界卻不會引起謬誤。導致謬誤的是：當我們因自身的極限而缺乏判斷與決定的能力時，卻仍然喜愛做出決斷。
>
> ——康德

康德認為，人們的觀點有其局限，但是當我們缺乏理智判斷與決定的能力時，卻仍然喜歡逕自決斷，因而產生訛誤與荒謬之念。人類原本就無法通曉所有的事物，也必須忍受相當程度的無知，但是對於自己不太了解的事物，卻總是操之過急地想要洞悉與掌握，因而導致倉促研判或盲目信從。

哲學家則避免使用這種引發極多謬誤的方法，因為認清事實為哲學的本務。哲學家不僅檢視自己的信念，甚至質疑眼睛所見、耳朵所聞、雙手所觸的一切是否真實，或者只是幻覺和假象。

最糟糕的迷信就是認為自己的信仰比別人的好。

——雷辛

明顯存在於迷信與信仰中的一個問題，便是以為自己相信的事情絕對屬實。我們都知道信仰方面的戰爭破壞世界和平與安寧，導致許多殘酷血腥的犧牲。最激進又極端狂熱的言論可在異教團體中發現，他們捍衛本身荒誕的信念，抵抗其他類型的信仰，並且自以為找到了化解一切問題的方法。

雷辛的看法可以引申為：若是執著於某種宗教信仰，至少應保有宗教自由的同理心，接納並尊重其他人因見解和看法不同而潛心奉行的另一種信仰。

偉大的人物未嘗不具有一點瘋狂的想法。

——塞內卡

誠如塞內卡所言，你不該試圖表現出十全十美、毫無差錯的理智行為，因為一點瘋狂的念頭與幻想也有極美之處。此外，適度的幻想並不和幸福美滿的人生相互衝突，培養個人的創造潛力甚至也需要一些荒誕無稽的想法來相輔相成。

培養健康而無傷大雅的「瘋狂」念頭其實一點也不難，必要的只是保持個人的理性與健康的心智，以避免邪惡的鬼神對我們虎視眈眈、伺機侵犯。透過沈靜而理性的思考，妖魔鬼怪便能化為烏有，或者正如黑格爾所言：

以理性看待世界的人，世界也將以理性回報，兩者具有交互作用。

症狀 28

怒火攻心

「對抗憤怒的最佳良方便是延緩。」

所有人都知道，發怒、激憤、生氣皆是極具破壞性的情緒，有時甚至造成不堪的後果。火氣大的人將會成為體內荷爾蒙的犧牲品，因而動輒大發雷霆，重則可能導致人際之間的激烈紛爭，輕則危害自己。怒氣也會在體內引發反應：心跳加速、胃痙攣或呼吸急促。

人生首要之務在於自制。

——洪堡

心理學十分重視憤怒的發洩與排解，並強調應把憤怒視為帶來解脫的情緒；反之，哲學注重的卻是自我克制，洪堡一言便道出了克己的重要性。其實心理學與哲學兩者的觀點只是表面上相互衝突而已，情形基本上很簡單：如果你和某個令人作嘔的傢伙共事，他的行為實在讓你無法苟同，最後終於使你怒火沖天，這種強烈的情緒表達將有益健康；若是一味忍氣吞聲、委曲求全，對於內心的和諧安寧反而會造成嚴重傷害。洪堡的說法絕非表示應該壓抑或強忍憤怒之情，這裡所指的自我克制有其他意義。

> 恚能自制，如止奔車，是為善御。棄冥入明，忍辱勝恚，善勝不善。
>
> ——佛陀

有關自我克制的正確方法，佛陀揭露了兩項秘訣。首先，我們應該在怒氣萌生的最初之際就懂得克制，憤怒逐漸轉為強烈的情緒時便為時已晚。回到佛陀所舉的例子：即使在奔馬脫韁時，善於駕車者仍能控制局面；不過，在另一方面，他也絕對會極力預防這種狀況的發生。因此，不論是對付沸騰不止的怒氣還是難以駕馭的野馬，其中的道理便在於「防微杜漸」。

如同其他情緒，憤怒也是某種內心想法的結果——此處當然是指激起怒氣的想法。由此可以推論，遇事時是否以發怒的方式做為反應，個人自身的思緒確實影響甚鉅。自我克制並不是強行壓抑內心的情緒，而是慎加觀察並留意自己的思慮；如此一來，不但更能掌控憤怒的心情，也能更進一步了解自我，發現本身習以為常的情緒反應。

佛陀提到的第二個秘訣，便是用愛來化解憤怒。佛陀的勸戒自有道理，因為兩種對峙的情感不可能同時在心中喚起，只要能夠保有一顆仁厚慈愛的心，就不會有怒火中燒的時候。

就像在進退兩者之間必須選擇其一，你也可以對某些情況泰然處之，選擇諒解與寬容，避免一副怒不可抑、齜牙咧嘴的模樣，甚至是陷入絕望之境。

對抗憤怒的最佳良方便是延緩。

——塞內卡

塞內卡提出了一個既有趣又有效的小訣竅：你曾經設法「延緩」某種情緒嗎？舉例來說，你是否曾經對朋友或家人大為光火，或是曾有鄰居於午夜過後心血來潮地在浴室中放聲高歌、擾人清夢，使你火冒三丈，想要向對方抗議？正當你因為某事氣得七竅生煙時，是否曾因接獲一通好友的電話，胸中的怒氣竟然在言談說笑之間一掃而空？

其實塞內卡只是強調了一個事實：情緒來來去去。藉由轉移自己的注意力、做其他事情、喝一杯茶、散步溜達，或是從另一個角度觀看整件事情，還能不忘以幽默之心自我解嘲，便能迅速化解憤怒等負面情緒。

不再讓怒氣駕馭自己的人，將會發現目前的人生比起以前動輒發怒的時候更為美滿。

——羅素

少了憤懣、生氣與惱怒，人生便輕鬆愉快多了。追求智慧的哲人將以泰然之心面對生活中的不順遂，氣憤的心緒自然無機可乘。憤怒不外是內心對外界事物的一種反應，當我們面對塞車、態度不佳的銷售員、不體貼的另一半或傾盆大雨時，「怒氣」好像一種不良的習慣和被濫用的伎倆，迫使我們暴跳如雷。所幸不良習慣可以克服與消除，萬一哪天又遇上討厭的人，你的因應之道便是：觀察自己的思緒，藉由屏氣凝神，克制內心的怒氣，繼而保持心平氣和，一笑置之。

成分説明

如果讀者對於本藥箱援引的哲學家感到興趣，筆者在此蒐集了其生平簡介以供參考，並依哲學家的年代先後順序排列。

老子（西元前五七〇—四九〇）

老子，又名李耳或老聃，在歷史上屬於生平年代廣受爭議的人物，與孔子並列為中國最偉大的思想家之一。

老子被視為道家思想的始祖，撰有《道德經》，流傳廣遠，迄今仍為翻譯本最多的中文書籍。《道德經》語言精練，雖然只有短短五千餘言，卻對中國思想文化產生不可磨滅的影響。此書在形式上屬於語錄體韻文，文辭優美，猶如哲學「詩」一般。老子學說的中心思想為「道」，說明修道應順從自然存在的規律，拋開所有的價值標準，追隨自然發生的覺察，如此才能得道。老子主張世間一切事物皆要順其自然，並且將「無為」奉為圭臬，以順從道的法則。

佛陀（約西元前五六三—四八〇）

佛陀，梵文為「Buddha」，為「覺者、智者」之意。原姓喬達摩，名悉達多，為古印度迦毗羅衛國太子，屬釋迦貴族，自幼即享有榮華富貴，亦受到良好的教育薰陶。

悉達多對於宮廷中的奢華生活逐漸感到毫無意義，並體驗到生老病死苦終究為人生大患，於是在二十九歲時毅然放下一切，出家苦行，尋求人生苦痛的解脫之道。他相繼拜兩位梵志（婆羅門徒）修習禪定，雖獲得最高禪定，卻仍不得解脫。於是他辭別老師，入山林苦行六年，亦無法得道，遂放棄苦行，一日在菩提樹下結跏趺坐，發誓「不成正覺，絕不起座」。經過四十八天的冥思禪坐，到了第四十九天夜裡，終於大徹大悟，明白解脫眾生苦痛的究竟之道，得成無上正等正覺佛果。佛陀成道後，首先在波羅奈國的鹿野苑向五比丘說法，亦即「初轉法輪」，開示苦、集、滅、道的四聖諦法義。

「此即是苦聖諦——生是苦，老是苦，病是苦，死是苦，怨憎會是苦，愛別離是苦，所求不得是苦，約言之，五取蘊是苦。此即是苦集聖諦——帶來後有，喜貪所伴，而隨處悅喜之愛欲，指謂欲愛、有愛、無有愛。此即是苦滅聖諦——即謂無有愛欲殘存之滅盡、捨離、解脫、無執著。此即是苦滅道聖諦——即謂八支聖道，乃指正見、正思惟、正語、正業、正命、正精進、正念、正定而言。」

此五比丘即是佛陀最早度化的門徒。佛陀初轉法輪，開啟了佛教極其重要的史頁。

儘管佛教思想探討的問題也觸及邏輯學、倫理學、認識論與本體論，但強調的重點並非尋求真理，而是從生死輪迴的苦痛中解脫，達到涅槃境界。

孔子（西元前五五一—四七九）

孔子，名丘，字仲尼，亦稱孔夫子，為中國思想家、政治家與教育家。他的倫理道德學說不僅被弟子弘揚光大為儒教，亦奠定了儒家學派的基石。

根據文獻記載，孔子在西元前五五一年誕生於魯國，位於現今山東省境內。雖然孔子三歲喪父，家道中落，但是十五歲立志向學，透過私人傳授，博習詩書禮樂。五十歲任魯國中都宰，一年後升為司空，繼而升為大司寇。不過，孔子清廉不阿的性格和不容妥協的道德準則無法讓魯定公心悅誠服，因而被迫離開魯國，周遊列國長達十四年之久。

然而，孔子晚年也再次臻至人生的輝煌時期：他致力於整理六經，即刪詩書、訂禮樂、贊周易、作春秋。除此之外，弟子也根據孔子的思想和言談編撰《大學》與《中庸》，內容以五德——即智、信、仁、勇、嚴——為基礎。

孔子在世時已在中國被尊崇為偉大的智者，迄今仍對中國哲學的發展產生非常深遠的影響。此外，西元前一九五年，漢高祖劉邦以全牛、全豬、全羊之太牢重禮祭祀孔子，首開帝王祭孔之先例。從漢朝開始，在中央及地方政府所在地皆已普遍設立孔廟以祭祀孔子。自清朝起，孔子被世人尊稱為至聖先師。

德謨克利特（西元前四六〇—三七〇）

德謨克利特（Democritus）誕生於阿布德拉（Abdera），阿布德拉為昔日坐落於色雷斯與波斯之間的商埠，也曾經是同時代科學家普羅塔哥拉斯（Protagoras）與希波克拉底斯（Hippocrates）工作之處。

德謨克利特長年出外遊歷與深造，到過埃及、巴比倫、波斯和印度，所費不貲，繼承的財產幾乎消耗殆盡。依據當時的法律，任意揮霍祖產屬於違法行徑，德謨克利特因而立即被送交法庭審判。在眾人驚異的眼光下，身為被告的德謨克利特僅只朗讀自己的作品，就說服法官相信他確實妥善利用了遺產。

有關哲學提出的古典問題——所有一切的起因——德謨克利特做出了答覆。他指出除了原子之外，宇宙空間中就只有虛空，因而成為「原子論」的創始者。德謨克利特的理論即是：宇宙萬物皆由最細微且不可分割的原子構成，原子在無限的虛空中不斷地活動，有形狀、大小與排列的差異。於是透過原子的結合與分離，世界和萬物得以孕育與消逝。

德謨克利特認為人是宇宙的縮影，因為人也是由特定的原子結合而成。靈魂與心智是活躍性極強且高溫的原子，這種原子受速率影響而表面光滑，微小並成球狀。根據他的說法，連肉體的活動也是經由這些靈魂的原子造成。從其他東西脫離出來的「映像」與靈魂產生撞擊的結果，這就是人的「感覺」。由於靈魂原子與其他的原子一樣，具有恆定不變性，所以當人死亡時，靈魂原子便相互分離並散布各處。原子分離後，靈魂自然就消逝，這種理論首次推翻了以往希臘哲學相信的靈魂不滅說。

對德謨克利特而言，至高無上的事物為幸福快樂，這種幸福快樂源自於心靈的寧靜與愉悅。此中心思想伴隨著德謨克利特一生，直到西元前三七〇年其本身「原子分離」為止。因此，他被稱為「歡喜哲人」果然名符其實。

柏拉圖（西元前四二八—三四八）

除了自己的門生亞里斯多德之外，柏拉圖（Plato）可能是西方世界最具影響力的哲學家，其知名度亦不亞於蘇格拉底。柏拉圖首次以哲學的方式表達了靈魂不滅說以及對造物主的信仰。

柏拉圖十二歲時遇到蘇格拉底，幾年後成為門生。他傳承恩師之教，以對話形式討論哲學，因此其著作皆以對話錄的型態呈現。當蘇格拉底被指控並且被判處死刑時，柏拉圖離開雅典，在美加拉（Megara）拜歐幾里得為師，在此所學似乎也為日後的思想體系扎下一些根基。

柏拉圖不斷以鮮明的圖像勾勒出自己的觀點，最著名的莫過於「洞穴之喻」：我們對事物的覺察有異於事物本身的真實面。不過，除了該譬喻之外，柏拉圖對於「理型論」並沒有其他任何論證，因為對他而言，理型論為解釋現實的基本假設，所以本身無法獲得證實。

柏拉圖旅遊西西里島期間，試圖將個人建設哲學家王國的政治理想付諸實現，最後卻一敗塗地，導致他後來的性情愈趨悲觀，在晚期著作中即可清楚見到這種轉變。

根據柏拉圖的見解，靈魂分為三部分：理性、意志與欲望，善人以理性和意志克制欲望。柏拉圖的學說在基督教和中世紀的伊斯蘭世界扮演了決定性角色，尼采甚至認為基督教是「老百姓的柏拉圖主義」。

在柏拉圖的主要著作中，早期的對話錄有《普羅塔哥拉斯篇》（Protagoras）、《自辯篇》（Apology）、《尤息弗羅篇》（Euthyphro）、《理想國篇》（Republic）第一部。較晚期的對話錄則為《高吉亞篇》（Gorgias）、《克拉底魯斯篇》（Cratylus）、《曼諾篇》（Meno）、《斐多篇》（Phaedo）、《饗宴篇》（Symposium）、《理想國篇》第二至十部、《斐德羅篇》（Phaedrus）。晚期的對話錄為《泰阿德篇》（Theaetetus）、《巴門尼德斯篇》（Parmenides）、《辯士篇》（Sophistes）、《蒂邁歐篇》（Timaeus）、《法律篇》（Laws）。

亞里斯多德（西元前三八四—三二二）

亞里斯多德（Aristotle）是柏拉圖之外最偉大並且最具影響力的古希臘哲人，西元前三八四年生於斯塔吉拉（Stagira），父親是馬其頓國王的御醫。西元前三六七年，亞里斯多德前往雅典的柏拉圖學院求學，在追隨柏拉圖的二十年中，他自己的理論日益與恩師的哲學觀格格不入，最後成為嚴厲批評柏拉圖「理型論」的哲學家之一。亞里斯多德雖為最傑出的弟子，但是柏拉圖後來將學院委任姪子史波伊希伯（Speussippus）接管。

於是，亞里斯多德離開學院，定居列斯波島（Lesbos），並娶妻生女。西元前三四三年應馬其頓國王菲力普二世邀聘，教育年僅十三的王子，即後來的亞歷山大大帝。盡完在馬其頓擔任教師的義務之後，亞里斯多德返回雅典並創立自己的學園：逍遙學派（Peripateticism）。

接下來幾年，亞里斯多德從事講學，並且在各個領域進行研究，撰寫了無數有關自然科學、哲學、倫理學和政治學的作品。

西元前三二三年亞歷山大大帝過世後，雅典人群起反抗馬其頓政權，怪罪曾與馬其頓王室有師生之誼的亞里斯多德，並指控他不敬神。同年亞里斯多德逃亡至埃維亞島（Evvioa）上的加爾西斯（Chalkis），以避免遭到死刑的危險，但是卻在翌年逝世，享年六十二歲。

亞里斯多德被視為科學哲學的創始人，科學哲學即以哲學審驗並以邏輯學、形上學為基礎的科學。他發展出邏輯公理，首創純粹形式邏輯系統，認為邏輯學可輔助理論科學與應用科學。理論科學——如物理學、數學、形上學——探討的是恆定不變的事物，並且尋求真相；應用科學——如倫理學與政治學——則是探討變動的事物，為指導人們正確處世的方針。

在自然哲學方面，亞里斯多德的首部重要著

作為《物理學》（Physics），申論「位置」、「時間」、「空間」、「有限」、「無窮」、「產生、轉變與消逝」等概念。亞里斯多德撰寫的形上學論文為其生平最主要著作，其特色在於：不像往昔一樣稱自然界為「整體」，而是指出自然界由「個別事物」組成。

在政治學方面，亞里斯多德稱人類是「政治動物」，在群體中生活，深植於家庭、團體和國家的生活圈中。他認為最佳政權型態依次為君主政治、貴族統治、民主政治。

其重要作品有：《物理學》、《形上學》（Metaphysics）、《動物志》（History of Animals）、《尼可馬古倫理學》（Nichomachean Ethics）、《政治學》（Politics）、《修辭學》（Rhetoric）。

伊比鳩魯（西元前三四一—二七〇）

伊比鳩魯（Epicurus）生於希臘的薩摩士（Samos），西元前三〇六年在雅典設校講學，創立自己的學派與「花園」，西元前二七〇年也在雅典辭世。

伊比鳩魯是享樂主義的重要代表人物，其理論與學說皆以享樂主義為圭臬，宗旨為求得幸福快樂的人生。不過，他認為快樂並非來自於片刻的滿足或恣性縱欲，而是來自於謹慎選擇有益的享樂感受；短暫的快樂若是擾亂身心的安和，則應該避免。伊比鳩魯的倫理學具有個人主義的觀點，其首要之務便是追求個人的快樂。

在自然科學方面，伊比鳩魯承襲了德謨克利特的原子論。他也將人的靈魂視為原子，亦即物質，認為超越生命之外的感受並不存在，死亡因此便不足為懼。

伊比鳩魯所著之文章逾三百篇，但全都殘缺不齊。

西塞羅（西元前一〇六—四三）

西塞羅全名為「Arpium Marcus Tullius Cicero」，生於西元前一〇六年一月三日，為史上著名的羅馬政治家、哲學家與雄辯家。

西塞羅十分傾心於希臘哲學，決意將希臘哲學融入羅馬人民生活中，甚至親自將希臘文著作翻譯成拉丁文。西塞羅抱持著懷疑精神處世，拒絕任何教條規範，其倫理學與神學思想深受希臘的斯多噶學派影響。他在《國家論》（De re publica）中主張採用混合政體，讓人民共同制憲，組成以共同利益為基礎的國家。

對西塞羅而言，哲學的使命在於協助解決人生問題，因此他在著作中致力於探討道德、義務、幸福、老年、死亡等課題。西元前四十三年十二月七日，西塞羅被謀殺身亡。

塞內卡（西元前四—西元六五）

塞內卡全名為「Lucius Annaeus Seneca」，西元前四年生於西班牙科爾度巴（Cordoba），堪稱羅馬斯多噶學派最重要的代表人物。斯多噶學派為古希臘羅馬時期非常重要的學派，其基本思想為整個自然界依理性運作的理則（Logos），具有理性的人類必須以此為處世之道，以獲致幸福人生。

塞內卡在羅馬專攻修辭學與哲學，並成為皇帝尼祿（Nero）的老師。西元五十四至六十二年，塞內卡在政治上身居要職，生活優渥，這種順境卻在西元六十五年以悲劇收場：昔日門生皇帝尼祿下令他自殺。

對於自然界與人類，塞內卡具有傑出的觀察能力、絕佳的表達藝術和超凡絕俗的風格。他並未擬定一套哲學體系，而是剖析一般人性的情態，這也正是其倫理哲學著作的中心思想。

鑒於人性的道德弱點，塞內卡要求每個人應嚴以律己，並且抱持同理心對待他人，尤其是弱勢者。透過塞內卡的著作，斯多噶學派崇尚的自主理性與道德修養重新在中世紀和近代早期廣為流傳，並且在立法、司法、行政方面、甚至對基督教皆產生重大的影響。

普魯塔克（約西元四五—一二〇）

普魯塔克（Plutarch）生於夏伊隆尼亞（Chaeronea），為希臘哲學家與傳記作家。他曾任夏伊隆尼亞市長，並且擔任德爾菲（Delphi）阿波羅神殿的祭司。

普魯塔克雖以柏拉圖學派自居，卻也崇尚亞里斯多德學派、斯多噶學派，尤其是畢達哥拉斯學派的內容要義。普魯塔克本身的學說並非十分獨特，但是卻全心致力於設定盡可能純粹的「上帝概念」。

他認為一切事物的起因皆來自於先驗的上帝，與上帝抗爭者為「惡」勢力。上帝為「善」者，而且崇高於「惡」者之上，「惡」之肇因則來自於「世界魂」。據此，他以象徵性手法重新解釋所有家喻戶曉的宗教，目的便是使世人信仰同一位上帝。

普魯塔克著有《道德》（Moralia）一書，其中心課題實為敦促克己自律與道德生活的倫理教育。

奧理略（西元一二一—一八〇）

奧理略（Marcus Aurelius Antoninus）本名為「Marcus Annius Verus」，一二一年四月二十六日出生於羅馬，一六一年登基為羅馬皇帝，故以皇帝哲學家著稱。在位十九年之後，於一八〇年三月十七日卒於溫多波納（Vindobona），即今日之維也納。

奧理略的名著《沈思錄》大多於規模浩大的遠征行動期間完成，他的學說以倫理道德準則為基礎，以人為中心，認為人是理性的動物，雖然擁有肉體、靈魂與思想，卻只對思想有掌控力。思想使人類具有培養良知的能力，進而發展成勇敢而虔誠的人，以建立理想的大同世界。

艾克哈特（西元一二六〇—一三二七）

艾克哈特（Johann Eckhart，以「艾克哈特大師」著名於世）是具有宗教和神學性質的神秘主義重要代表人物之一。

艾克哈特為德高望重的道明會修士，修習經院哲學方法論，於一三〇三至一三〇四年期間在薩克森（Sachsen）擔任道明會神父，之後於巴黎、史特拉斯堡（Straßburg）任教授一職，一三二〇年起在科隆任教。

在方濟會修士的慫恿下，宗教法庭於一三二五年對艾克哈特進行審訊。在他死後兩年，亦即一三二七年秋天，其學說中的二十八條論點被教宗以詔書公開判定為異端邪說。

艾克哈特認為，一位完全無法捉摸的天國上帝是萬物降生的來源。上帝是「唯一者」，不僅創造了時間和整個物質世界，亦能收回一切。上帝在造物時便以三位一體的形象出現，靈魂有如閃爍的「上帝光芒」，與上帝一起融合在神秘的合一性裡，具有三種力量，即信、望、愛，因而也是三位一體。靈魂存在於肉體與上帝之間，具有善美的天然本質，其崇高至上的力量則為理性，理性能夠辨識上帝。靈魂若是從罪孽中解脫，與外在的事物脫離，最後從肉體離開，再度與上帝結合，則是臻至永生與極樂的境界。

艾克哈特的主要著作為《布道稿與論文》（Predigten und Traktate）、《神慰之書》（Buch der goetlichen troeztunge）和《分辨之勸諭》（Rede der Unterscheidung），對其神秘主義哲學的傳人影響深遠。

肯培斯（約西元一三七九—一四七一）

肯培斯（Thomas Hemerken）生於現今德國北萊茵威斯特法倫邦（Nordrhein-Westfalen）的肯培斯城，所以又稱為肯培斯的托瑪斯（Thomas von Kempen 或 Thomas a Kempis），為修道士與作家。他在荷蘭的戴文特（Deventer）受教育，一四〇七年加入位於茨沃勒（Zwolle）附近的奧古斯丁修道院，一四一三年經過授職典禮成為神父。

肯培斯一生多半在遠離塵俗的修道院中度過，在此複製並專研作品原稿，其神學著作《倣仿耶穌》（De Imitatione Christi）後來對世人產生重要的影響。

肯培斯的作品體現了荷蘭宗教改革運動的新虔敬精神，即以耶穌基督為倫理道德的典範。

蒙田（西元一五三三—一五九二）

一五三三年二月二十八日，蒙田（Michel de Montaigne）出生於法國培里哥爾（Périgord）的城堡，一五九二年九月十三日亦在此辭世。他在結束社會人文教育和法學學業之後，一五五七年成為國會參議員，之後擔任波爾多（Bordeaux）市長。一五七〇年放棄官職，退隱莊園，過著領主生活，並埋首於書齋中研究哲學。

在世界觀方面，蒙田為不折不扣的懷疑論者。他在一五八〇年首次發表散文集，因而一舉成名，文中題材特別以自己為對象，最主要是描寫人性心理的可變性。蒙田在字裡行間避免了一般價值規範的陳述與修辭，因此他的闡釋並非以普遍適用性為目的，而是針對個別的生活方式提出建言，以協助個人臻至自我滿足與心緒安寧的境地。

出於懷疑論之故，蒙田難以熱中於法國大革命，他提出的觀點是：大多數傳統舊習根本沒有重要到值得奮不顧身去顛覆與推翻的地步，最受用的品德即為人生智慧。

笛卡兒（西元一五九六—一六五〇）

笛卡兒（René Descartes）為法國哲學家、數學家與自然科學研究者，有「近代哲學之父」之稱。近代哲學具有理性主義的特質，因而異於神學。一五九六三月三十一日，笛卡兒出生於拉海鎮（La Haye），之後在法國北部拉弗雷希（La Flèche）的耶穌會學校就讀，學習數學與經院哲學。完成大學的醫學與法律學業之後，笛卡兒開始遊歷歐洲，並且鑽研伽利略的著作。一六一八年從軍，身為軍官，並且和提力（Tilly）將軍的軍隊一同進入日耳曼。在烏爾姆（Ulm）時，有一晚笛卡兒在夢魘中獲得非凡的啟示，因而孕育了他後來的哲學思想，即以數學為基礎創造了統一的自然科學。

一六二一年笛卡兒退出軍隊後，展開了遊學生涯，前往瑞士、義大利和法國，前後歷經八年之久，最後在一六二九年定居荷蘭，那裡的社會文化充滿了自由氣息，適合他靜心研究。鑒於伽利略被宗教法庭審判一事，笛卡兒放棄發表自己的物理學代表作《世界》（Le monde）。一六三七年，他發表了一篇在神學方面較不受爭議的作品《方法論》（Discours de la méthode），為數學與物理學方面的論著，重點在於提出數學的嶄新領域，即「解析幾何」。藉由解析幾何的方法，幾何問題便能單單透過代數方程式解決。

一六四一年，笛卡兒發表哲學代表作《沈思錄》（Meditationes de Prima Philosophia），一六四四年以更學術性和演繹推論的方式補充該作品，成為《哲學原理》（Principia Philosophiae）。他的最後一部著作《論靈魂之狂熱》（Les Passions de l,âme）發表於一六四九年，探討道德倫理和心理學方面的論題。一年後，笛卡兒應喜愛哲學的瑞典女王克莉斯汀娜之邀，勉為其難地移居斯德哥爾摩為女王授課，一六五〇年二月十一日因肺炎卒於當地。

笛卡兒的哲學冥思以質疑一切為開始，不僅要懷疑廣傳的見解，更要懷疑自己的感官知覺。對他而言，無庸置疑的只有「以懷疑為思考方法」的事實，這點可從經常被引用的名言「我思故我在」得到印證。笛卡兒藉由自己的「方法論」，將「知識論」提升為哲學的基礎學科，打破了以往的傳統。從前的哲學家以形上學、上帝做為探究事物的出發點，笛卡兒則始終堅持以「我究竟能知道什麼」為問題的起點。

拉羅什富科（西元一六一三—一六八〇）

拉羅什富科（François de La Rochefoucauld）

為法國作家與道德學家，生卒皆於巴黎。路易十三和路易十四在位期間，拉羅什富科在宮廷生活和政治上皆扮演重要的角色。他被視為歷史上最傑出的箴言詩作家之一。

此外，拉羅什富科於一六六五年撰寫了名著《省思——道德警句與箴言》（Réflexions ou sentences et maximes morales），內容為七百項有關世俗生活與道德倫理的指導原則，以格言的形式呈現。這本書擁有各種語文的翻譯本，書中剖析人性百態，並指出自私為人類行為處世的基本動機。

巴斯卡（西元一六二三—一六六二）

巴斯卡（Blaise Pascal）是法國哲學家、數學家與神秘主義者，一六二三年六月十九日生於克雷蒙費朗（Clermont-Ferrand）。巴斯卡於少年時期便開始發表論文，探討有關數學與物理方面的問題，是出類拔萃的數學家，為機率論創始人。

對他而言，如欲探索哲學提出的質疑，則數學——尤其是理性主義——有其明確的極限。他認為，不論思想家的學識有多深，都必須回歸至無知的原點，才能探討並尋求世界的意義、人類的定位，臻至心靈平和之道。歸根究柢，真理的基礎建立在心靈邏輯和上帝之上。

巴斯卡的思想充分流露在生前未完成的著作《沈思錄》（Pensées sur la religion）中，這部著作在一六六二年八月十九日巴斯卡死後才發行於世。

西勒修斯（西元一六二四—一六七七）

西勒修斯（Angelus Silesius）此名之意

為「西里西亞的使者」，他的原名其實是「Johann Scheffler」，一六二四年生於布列斯勞（Breslau）。西勒修斯是虔誠的詩人與思想家，雖然最初是新教徒，卻反對宗教改革。他在一六五三年皈依天主教，並於一六六一年加入方濟會。其著作《天使般的漫遊者》（Cherubinischen Wandersmannes）詼諧饒趣、意象鮮明，或許是日耳曼神秘主義最著名的文學作品。他於一六七七年七月九日卒於布列斯勞。

斯賓諾莎（西元一六三二—一六七七）

一六三二年十一月二十四日，斯賓諾莎（Baruch de Spinoza）誕生於荷蘭阿姆斯特丹的猶太富商家庭，祖先為葡萄牙與西班牙籍流亡猶太人。斯賓諾莎在猶太學校接受教育，閱讀猶太法典，並學習猶太哲學，以成為未來的猶太經師。除了學會磨鏡片的一技之長外，後來又攻讀自然科學，致力於探究霍布斯與笛卡兒的著作；尤其是笛卡兒，對於斯賓諾莎的思維具有決定性的影響。

深居簡出的斯賓諾莎極其嚴謹地運用笛卡兒的方法論，並且在猶太教徒的強烈反感下討論舊約中的矛盾與不一致。他要求絕對的思想自由，即使在教堂內也不例外。他認為自然界無所不包，具有嚴密的運作法則，並且創造了各式各樣的物質與人類意識，靈魂也只是整體中的一個組成部分。

依據這項自然原理，斯賓諾莎認為自然界是唯一的存有，缺少了自然界，便無存有，亦無上帝——自然界本身即是上帝。可想而知，斯賓諾莎的觀點成了神學權威的公敵，以至於背負著散播「惡劣的謬誤學說」之名，一六五六年被逐出猶太教門。

因此，直到一六七七年二月二十一日因罹患肺結核過世之前，斯賓諾莎必須過著工匠生活以維持生計。

斯賓諾莎逝世後一百餘年仍為討論的禁忌。十八世紀時，幸虧歌德、雷辛與赫德，才終於讓斯賓諾莎的學說重見天日，並且奠定了所謂「斯賓諾莎主義」的思想基礎。

斯賓諾莎的作品中僅只一篇以自己的名字發表，也就是《笛卡兒哲學的原理》（Renati des Cartes principiorum philosophiae），於一六六三年出版。另外，《神學——政治學論文集》（Tractatus theologico politicus）則於一六七〇年匿名發表。他在一六七五年完成了生平代表作《倫理學》（Ethica），但是因為當時社會的宗教狂熱和普遍的不寬容現象，致使這部作品直到斯賓諾莎死後才得以問世。

拉布呂耶爾（西元一六四五—一六九六）

一六四五年八月十六日，拉布呂耶爾（Jean de la Bruyère）生於巴黎，與蒙田、拉羅什富科並列為法國道德學家。一六八四年擔任私人教師，之後成為波旁王朝公爵的秘書。拉布呂耶爾的主要著作為《譯自德奧夫拉斯多的希臘文著作，以及當今世紀的文章與倫理道德》（Les Caractères de Théophraste, traduits du grec, avec les caractères ou les mœurs de ce siècle），這部作品於一六八八年完成，譯自古希臘哲學家德奧夫拉斯多的著作，並加上拉布呂耶爾所寫的處世指導原則，以及對當代法國社會的批評，鮮明生動地描述了當時的生活情景。

拉布呂耶爾的諷刺描寫風格不但著重細節、

鮮明清晰，而且經常使筆下暗喻的當事人感到氣惱。他將時代精神表現得淋漓盡致，該書因而在出版後八年內一共銷售了九版。如同拉羅什富科，拉布呂耶爾也深信人類所有行為的起源皆為自私。一六九六年五月十一日，拉布呂耶爾卒於凡爾賽。

盧梭（西元一七一二—一七七八）

一七一二年六月二十八日，盧梭（Jean-Jacques Rousseau）生於日內瓦，是瑞士裔法國文化評論家、音樂家、哲學家，以及法國大革命的思想開路先鋒。盧梭的著作《懺悔錄》（Les Confessiones）為自傳體自白，透露出許多有關盧梭本人的一切，直到盧梭辭世後才被公開發表。

盧梭在年少時代幾乎歷練過所有的職業：寫字員、工匠、音樂老師、侍者、教育工作者、職員，後來也從事外交事務，甚至還擔任過記譜員與樂團指揮。他創造了一套新的音符系統，寫下成功的歌劇與戲劇作品，因而豐富了藝術內涵。在此期間，盧梭孜孜不倦，經常遷移住所，並且在義大利、瑞士、法國鄉間與巴黎之間往返。

不僅是盧梭的生活，就連盧梭的腦筋也同樣變化多端，不斷轉換的思維和乍現的靈感皆是使盧梭醞釀偉大思想的泉源。譬如，讓盧梭對啟蒙運動產生異議的「導火線」發生在他漫遊至文森堡（Schloß Vincennes）途中，這時他突然靈光一閃、茅塞頓開，領悟到人性本善，只是因為後天環境的影響而使壞，這點正與啟蒙思想認為人類前景日益美好的觀點相反。盧梭在一七五〇年發表《科學與藝術論文集》（Discours sur les sciences et les arts），描述科學與藝術馬不停蹄地向前發展，是「異化疏離」與「衰頹瓦解」的肇因，導致傷風敗俗與道德淪陷的後果。

一七五五年，盧梭發表第二論，即《論人類不平等的起源與基礎》（Discours sur l'origine et les fondements de l'inégalité parmi les hommes），對於社會現象及其造成的人類心性進行關聯性的探索。

盧梭的政治哲學著作為《社會契約論》（Du contrat social），影響法國大革命甚鉅。他在這部作品中提出一個理想社會應當遵循的規範，個人在不受任何逼迫的情況下應該心悅誠服於規範準則，以利整個社會的福祉；不過，先決條件則是國家必須保障個人的自由。

隨著年歲增加，盧梭原本懷有的憤世嫉俗心態更是變本加厲，自以為遭受迫害的妄想日趨嚴重，一七七八年七月二日在巴黎近郊的艾爾蒙濃（Ermenonville）抑鬱而終。

沃維納格（西元一七一五—一七四七）

沃維納格（Luc de Clapiers Marquis de Vauvenarques）是伏爾泰的朋友，一七一五年八月六日生於艾克斯普羅旺斯（Aix-en-Provence）。

沃維納格力行斯多噶學派的生活態度，採取反省默思的方法，反對「關係論」，認為知識的泉源為一種直接、神秘而虔敬的感受。他的兩部主要著作為一七四六年完成的《人類心智導論》和《省思與箴言》，對尼采產生長遠的影響。沃維納格英年早逝，一七四七年八月二十八日卒於巴黎，享年三十二歲。

康德（西元一七二四—一八〇四）

一七二四年四月二十二日，康德（Immanuel

Kant）生於科尼斯堡（Königsberg）的工匠家庭，父母共有十二名子女。一七四〇至一七四六年，康德在當地大學研讀哲學、數學與自然科學。一七五五年至一七六九年，亦即康德哲學尚未進入批判階段的時期，康德擔任講師一職，並且受到休謨（David Hume）與萊布尼茲（Gottfried Wilhelm Leibniz）的著作啟發。

直到一七七〇年，康德才獲得科尼斯堡大學的哲學教授一職。十一年後，康德發表了代表作《純粹理性批判》（Kritik der reinen Vernunft），標題中的「批判」其實與「評論」無關，康德是指「探索審察」。他認為理性並非以經驗為架構，而是以「先驗」的原理為基礎，這種原理是時間與空間，為人類理智上的先天認識，而所有的經驗——即感官知覺——便是建立在時間與空間的基礎上。現實——即「物自身」（Ding an sich）——原則上是無法認識的，甚至對此提出問題也是枉然且毫無意義。康德強調知識的有限及其相對性，並且進一步申論：特定的直觀形式是先天存在的，亦即空間與時間，形上學因而也以此二者為基礎。人類的理智並非被動地吸收感官經驗，而是主動地建構世界；換句話說，人類自己創造了生存的世界。

未曾離開故鄉科尼斯堡的康德，一生謹守嚴苛的紀律，嚴守時刻，分秒不差，平日生活的規律有如行車時刻表，一天中從起床至入睡完全依此作息，一絲不苟。儘管康德嚴肅刻板，卻仍因其和藹可親的個性和充滿幽默的特質而受人景仰。

康德卒於一八〇四年二月十二日，臨終前的最後一句話便是：「很好。」其生平最重要的著作除了一七八一年的《純粹理性批判》之外，還有一七八八年的《實踐理性批判》（Kritik der praktischen Vernunft）和一七九〇年的《判斷力批判》（Kritik der Urteilskraft）。

雷辛（西元一七二九—一七八一）

一七二九年一月二十二日，雷辛（Gotthold Ephraim Lessing）生於薩克森的卡門茨（Kamenz），父親為牧師。雷辛為作家、評論家與哲人，畢生致力於對抗社會上的不寬容現象，以追求自由、理性、人道的精神投入日耳曼啟蒙運動。一七八一年二月十五日卒於布朗史威克（Braunschweig）。

雷辛因其喜劇作品《敏娜・馮・巴恩哈姆》（Minna von Barnhelm）而更加聞名，藉由戲劇，他使舞台成為市民自我體驗的媒介。在《智者納坦》（Nathan der Weise）這部戲劇作品中，雷辛則以不同宗教信仰的共存共處為內容，要求宗教容忍的態度非常明顯。除了戲劇之外，他也著有《人類教育》（Erziehung des Menschengeschlechts），這是一部宗教哲學作品，對於理性的宗教有諸多闡釋。

尚福爾（西元一七四一—一七九四）

尚福爾（Nicolas Sébastien Roch Chamfort）為法國作家，一七四一年生於法國克雷蒙（Clermont），作品以詼諧的故事、戲劇和箴言見長，很快便躋身於巴黎作家之林。

一七八九年法國大革命爆發，尚福爾加入雅各賓派。由於他反對並指責雅各賓派的暴力行徑，因而遭人詆毀中傷。於是，在雅各賓派決定將尚福爾關入牢獄之後，尚福爾於一七九四年先行自縊。

利希滕貝格（西元一七四二—一七九九）

利希滕貝格（Georg Christoph Lichtenberg）為日耳曼物理學家與作家，一七四二年七月一日生於達姆城（Darmstadt）近郊的上朗姆城（Ober-Ramstadt），於哥廷根（Göttingen）攻讀數學與物理學，並且在此度過一生的大半時間。自一七六九年起，擔任哥廷根大學教授，卒於一七九九年二月二十四日。

利希滕貝格為當時舉足輕重的實驗物理學家之一，從事測地學、氣象學和天文學領域的研究工作，所撰寫的自然科學與哲學心理學文章使他享有作家之名。此外，利希滕貝格也著有富藏智慧的諷刺警世箴言，流露出本身犀利敏銳的洞察力，亦突顯其為啟蒙運動的代表人物。

一七七八至一七九九年間，利希滕貝格於期刊《哥廷根袖珍月曆》發表論文，宗旨是對抗當時社會對天才的過分崇拜、不注重方法的思考，以及當時的哲學流派神秘主義。

赫德（西元一七四四—一八〇三）

赫德（Johann Gottfried Herder）為哲學家與神學家，一七四四年八月二十五日生於東普魯士的莫龍恩（Mohrungen）。一七六二至一七六四年間於科尼斯堡攻讀神學，在緊接的五年中，他於里加（Riga）的大教堂學校擔任牧師與教師。赫德是霍爾斯坦邦（Holstein）歐伊廷（Eutin）的太子隨從，長年遊走各地，一七七〇年在史特拉斯堡結識歌德，翌年遷居布呂克堡（Brückeburg），擔任宮廷牧師，並且在此定居五年。在歌德的引薦下，赫德自一七七六年起前往威瑪擔任掌管教育與宗教事務的總監察。赫德的哲學深受萊布尼茲與斯賓諾莎的影響，他批評康德哲學為「貧瘠的沙漠，充斥著空洞的思想、狂妄跋扈的字謎」，因而予以拒絕。與康德相反的是，赫德主張語言是所有理性的基礎，而語言又在文學中擁有最純淨的表達。一七八四至一七九一年間，赫德撰寫《論歷史哲學》（Ideen zur Philosophie der Geschichte），其發展的理論為：歷史中存在著進步的法則，該法則使所有的存有與發生最終歸為愛、理性與人道精神。從這種必然的演化中，赫德推論出上帝為一切世間俗物的創造者，以及生命的原始力量。

費希特（西元一七六二－一八一四）

費希特（Johann Gottlieb Fichte）與康德、黑格爾並列為日耳曼最重要的哲學家，他出生於貧困的鄉村，卻因某一貴族人士賞識而得以接受中學教育，進而在大學攻讀神學。一七九一年，費希特到科尼斯堡拜訪康德，康德協助他尋找出版商發表他在一七九二年撰寫的論文《對所有啟示之批判的嘗試》（Versuch einer Kritik aller Offenbarung）。這篇作品以匿名方式發表，讀者最初以為是康德所著，當康德公開宣布真正的作者時，費希特便在一夕之間聲名大噪，並且立即受聘至耶拿（Jena）教授哲學。一八〇五年，費希特獲聘至艾爾朗恩（Erlangen）講授哲學，一八一〇年柏林大學成立，費希特被推選為首任校長，三年後因罹患傷寒在柏林病逝。

費希特雖然深受康德影響，卻反對康德提出的「物自身」無法認識之論；對他而言，「存在」與「行動」是相等的，知識則是此二者之一衍生的觀點。他認為主觀與客觀的關係是辯證法的「對立的統一」，並且展現出一種受到積極行動影響的過程。人類每個單獨的行為皆是決定世界基本型態的條件，而世界也需要人類的行動。費希特的思想被視為種族的唯心論，對世人產生重要的影響，尤其是柏林大學的接任校長黑格爾。

費希特的代表作為：一七九四年的《科學學說的概念》（Über den Begriff der Wissenschaftslehre）、一七九六年的《自然法的基本原理》（Grundlage des Naturrechts）、一八〇〇年的《當代的特點》（Grundzüge des gegenwärtigen Zeitalters）和一八〇八年的《告德意志同胞書》（Reden an die deutsche Nation）。

洪堡（西元一七六七—一八三五）

一七六七年六月二十二日，洪堡（Wilhelm von Humboldt）生於波茨坦，一八三五年四月八日卒於提格（Tegel），為普魯士政治家、哲學家和語言研究者，被視為古典唯心論人文主義的首要代表人物。任職普魯士文化部官員的洪堡，在一八〇九至一八一〇年間設立人文中學，致力於改革教育制度，並且在柏林大學的設校事宜方面扮演決定性的角色。一八一九年因批評普魯士政治而被解除官職。

洪堡在歷史哲學方面的世界觀受到康德、萊布尼茲、赫德與費希特的影響，並且承認人們的個別教育對於實現人文主義的理想具有決定性，唯有經過培育，個人的潛能與特質才能發揮。他認為個人教育乃社會之責，因此國家應該提供個人外在安全的保障和內在法律的保護。

黑格爾（西元一七〇〇—一八三一）

黑格爾（Georg Wilhelm Friedrich Hegel）生於斯圖加特（Stuttgart），在杜賓根（Tübingen）

攻讀哲學與神學，之後相繼在伯恩與法蘭克福擔任家庭教師。黑格爾於一八〇一年取得大學準教授職位，一八〇五年成為耶拿大學教授；然而，兩年後出於經濟因素，不得不放棄教授之職，轉任《邦堡日報》（Bamberger Zeitung）編輯。一年後再度離職，擔任紐倫堡（Nürnberg）某中學校長，這次任職長達八年之久。

黑格爾於一八〇六年完成的首部代表作《精神現象學》（Phänomenologie des Geistes）並未獲得許多回響，但是一八一二至一八一六年間分為三冊發表的第二部重要作品《小邏輯》（Wissenschaft der Logik）則使他在學術界聲名遠播，繼而在一八一六年受聘為名校海德堡大學的教授，兩年後又獲得柏林大學教授之職，費希特之前曾是這裡的首任校長。

黑格爾的授課受到極大的喜愛與敬仰，他也因此成為一八二〇年代對德國哲學最具影響力的人物。一八二九年，黑格爾被選為柏林大學校長，僅僅兩年後便適逢疫疾流行，不幸感染霍亂而撒手人寰；不過，也有說法認為黑格爾其實是死於慢性胃疾。

黑格爾被視為抽象與思辨哲學家的典範，其哲學體系試圖以完全抽象的概念解釋現實，並以哲學觀闡釋過去與未來。根據他的看法，哲學的探討對象是做為整體的現實，他稱這種整體的發展為「絕對精神」。自我發展的過程是一連串矛盾衝突的結果，此即辯證的發展過程：當一個理念與另一相反理念對立時，從衝突中產生了綜合論，即消除衝突的新思維，較之前的理念更勝一籌，因而也成為新的命題。這種情形會在發展過程中反覆延伸，使得新思維不斷地推陳出新，而且逐次向前超越，此「絕對精神」（也就是做為整體的現實）在這種辯證方式中追求最高境界。

黑格爾的主要著作有：《精神現象學》、《小邏輯》、《哲學百科全書》（Encyclopädie der philosophischen Wissenschaften）、《法哲學原理》（Grundlinien der Philosophie des Rechts）、《美學演講錄》（Vorlesungen über die Ästhetik）、《哲學史演講錄》（Vorlesungen über die Geschichte der Philosophie）、《宗教哲學演講錄》（Vorlesungen über die Philosophie der Religion）和《歷史哲學演講錄》（Vorlesungen über die Philosophie der Weltgeschichte）。

史雷格（西元一七七二—一八二九）

一七七二年三月十日，史雷格（Karl Wilhelm Friedrich von Schlegel）生於漢諾威，一八二九年一月十二日卒於德勒斯登，父親為牧師。

史雷格的少年時期並不得意，棲身於親戚家，直到一七八八年父親送他到萊比錫某家銀行學習才展開學徒生涯。兩年後，史雷格在缺乏高中文憑的情況下，仍然與哥哥奧古斯特一起進入哥廷根大學攻讀法律、語文學、史學與哲學。一七九四年，由於經濟拮据，史雷格遷居至姊姊在德勒斯登的住處。一七九六年夏天，他隨哥哥到耶拿。一七九八至一八〇〇年間，兩兄弟共同創辦早期浪漫主義刊物《雅典娜神殿》（Athenaeum）。史雷格取得大學授課資格之後在一八〇〇年遷居，先後至柏林、德勒斯登、萊比錫，最後到了巴黎。他在巴黎閱讀日耳曼文學與哲學著作，並且開始攻讀梵文。

雖然史雷格最初對教會非常反感，但是在一八〇八年皈依天主教之後，便採取極為保守的立場，認為理性必須服從教會所倡之真理。一八〇九年，史雷格因獲得宮廷秘書終身職而遷居維也納，並於一八一四年參與維也納會議的外交和新聞工作。接下來五年，史雷格在法蘭克福的德意志聯盟議會中擔任奧地利的公使館參贊，由於本身精通藝術鑑賞，因而伴隨奧皇和梅特涅前往義大利。在奧地利的外交工作結束後，史雷格在維也納轉而致力於自己的作品全集。

一七九七年，他發表《希臘詩作探討》（Über das Studium der griechischen Poesie），認為教育在古希臘人身上展現出的天然完美至近代已演變成矯揉造作，必須藉由詩與藝術創作，才能重拾這種原始的完美。

叔本華（西元一七八八—一八六〇）

一七八八年二月二十二日，叔本華（Arthur Schopenhauer）生於但澤（Danzig）的富商家庭，父親對於學術研究興趣不大，所以儘管叔本華本身不情願，仍然送他去當學徒以學習商業。不久父親過世，叔本華中斷學徒生涯，與母親遷居至威瑪，在當地結識了歌德和史雷格兄弟。一八一一至一八一三年，叔本華在柏林大學就讀，並以《充足理由律的四重根》（Über die vierfache Wurzel des Satzes vom zureichenden Grunde）獲得博士學位。一八一六年，他根據歌德的顏色論發表《論視覺與色彩》（Über das Sehn und die Farben），接著在一八一九年完成代表作《意志與表象的世界》（Die Welt als Wille und Vorstellung）。一八二〇年於柏林取得大學任教資格後，擔任了一學期準教授。自一八三三年至一八六〇年九月二十一日辭世止，叔本華一直定居於法蘭克福，依靠父親的遺產過著學者生活。

受到康德先驗哲學的影響，叔本華認為世界不僅受到主觀認知的影響，而且是觀者的直觀現象；簡言之，世界為「真實物」的表象。叔本華所謂的「真實物」是指「意志」，我們可以將自己的肉體視為「客體」，也能感到它和我們有直接的連繫，並且聽從我們的意志，所以意志為肉體之自身。同理，對叔本華而言，所有的事物皆為意志之表現，意志本身沒有理由、起因與目標。其主要著作題為《意志與表象的世界》，意義也就昭然若揭了。

叔本華對世界的悲觀態度也表現在他的論點上：無所不包的意志充斥在生命與存有的不同層面中，竭力追求自我的實現，同時也導致了世界的混亂。

叔本華建議，藉由藝術的陶冶，可以擺脫人生的苦惱，更進一步則是培養慈悲的胸懷，最佳之道則是禁欲苦修，遠離汲汲營營的塵世喧囂。當主體與客體之間的關係消失時，也就沒有意志與表象，最後才能臻至解脫的最高境界，也就是叔本華並未到達的「涅槃」。

尼采（西元一八四四—一九〇〇）

一八四四年十月十五日，尼采（Friedrich Nietzsche）生於薩克森的洛肯（Röcken），為牧師之子。十歲的尼采便已抒寫詩作，譜下樂曲。一八五八年獲得免學費資格，就讀瑙姆堡（Naumburg）近郊的中學。一八六四至一八六八年間，尼采在波昂與萊比錫攻讀哲學，並且在一年後，即一八六九年四月，受聘為瑞士巴塞爾（Basel）大學教授。尼采的健康自一八七一年起每下愈況，以至於在一八七八年被迫停止教授工作。嚴重而痛苦的眼疾令他幾近失明，一八八八年罹患腦中風之後，便陷入精神上的極度錯亂，由妹妹伊莉莎白看護，直到一九〇〇年八月二十五日在威瑪過世。

尼采的哲學受到叔本華影響，並且隨著年齡與人生階段而改變，同時亦日趨成熟。早年曾讚賞舊日的傳統和文化財產，不久之後卻對此產生強烈的懷疑。

尼采在名作《查拉圖斯特拉如是說》（Also sprach Zarathustra）中描述精神的三種變形，其實反映出自己的內心世界與發展。精神的第一變為駱駝，象徵對理想典範的敬畏有如駱駝的堅忍負重。第二變由駱駝成獅子，為自由思考的化身，透過理智對一切的懷疑，繼而看出衰敗與退化的徵兆，認清一切都只是虛無。透過這種虛無主義的認知，粉碎了以往對真理、道德和宗教的崇信，於是產生第三變由獅子成嬰孩，隱喻從虛無之中尋求生機。當自我從陳舊的觀點中破繭而出時，將獲得一股新生力量，足以獨立創造一種嶄新的倫理道德，這時便是「超人」（Übermensch）的誕生。

尼采的超人哲學在其人生中佔有愈來愈重要的分量，並且逐漸使他陷入孤立的處境，終日活在虛構而脫離現實的世界，陶醉在自我神話的狀態中。

羅素（西元一八七二—一九七〇）

羅素（Bertrand Russell）是英國邏輯學家與哲學家，一八七二年五月十八日生於蒙茅特郡（Monmountshire）的薛普斯多（Chepstow）。早在十二歲時，羅素便已提出值得重視的觀點，即自由的愛情原則是唯一可能的生存方法，婚姻只是基督教迷信的現象。

羅素在劍橋大學攻讀數學與哲學，一九一〇至一九一六年間擔任邏輯學與數學講師，並與懷德海（Alfred North Whitehead）合作發表一套三冊的《數學原理》（Principia Mathematica），迄今仍為形式邏輯的典範著作。

在一九二一年發表的著作《心靈分析》（Analysis of Mind）與一九二七年的《物質分析》（Analysis of Matter）中，羅素嘗試以邏輯與數學的方法發展哲學的實在論。物質世界與心靈世界組成共同的現實區域，由一種既非肉體亦非精神的原料建構而成，也就是意識。

羅素不僅具有傑出的思想，也具有功勛。他身為實在論者，儘管對於上帝與永生不甚感興趣，卻對世界的不幸抱有悲天憫人的胸懷，更是毅然決然地反抗政治弊端。他孜孜不倦地投入組織、演說、媒體，並與政界人物對談，堅決反對英國參加第一次世界大戰，也反對希特勒暴政、史達林政權、核彈與越戰，力倡和平，曾因此二度喪失教授職位，甚至入獄半年。

羅素受到世人的景仰與愛戴，一九五〇年獲頒諾貝爾文學獎，與愛因斯坦、艾森豪、甘迺迪、赫魯雪夫、尼赫魯都有交情。一九七〇年二月二日，羅素過世，享年九十八歲。他一生不斷為人類的生存付出努力與貢獻，並且認為人類應該稍緩腳步，謹慎思考。

波普（西元一九〇二—一九九四）

一九〇二年七月二十八日，波普（Karl Raimund Popper）生於維也納，他在攻讀自然科學與哲學期間接觸了當時極具影響力的哲學團體，即所謂「維也納學派」。波普在那裡發現了科學理論的哲學領域，於是首創「批判的理性主義」，指出理論原則上是不可證實的，而是可證偽的。波普提出的這項「否證論」引起一場科學界的革命，他是二十世紀最具影響力的哲學家之一，而且是史上最偉大的科學理論學家。

當希特勒政權在德國擴張時，波普移民至紐西蘭，並且在一九三七至一九四五年間擔任哲學教授。他雖然在一九四六年返回歐洲，卻不往在奧地利，而是移居英國。一九四七年起，波普擔任倫敦大學教授，並且在一九六五年獲得英國女王封爵的殊榮，一九六九年退休之後仍然發表諸多重要著作。一九九四年九月十七日，波普卒於倫敦附近的克洛伊登（Croydon）。

波普的主要著作有：一九三四年的《科學發現的邏輯》（The Logic of Scientific Discovery）、一九四五年的《開放社會及其敵人》（The Open Society and its Enemies）和一九七九年的《客觀知識》（Objective Knowledge）。

煩憂者，在此不藥而癒。

Mufone

享受閱讀・如沐春風

Mufone

享受閱讀．如沐春風

Mufone

享受閱讀・如沐春風

Mufone

享 受 閱 讀 · 如 沐 春 風